# expresiones
## en matemáticas

Dra. Karen C. Fuson

Haz la tarea y recuerda

Grado 4
Volumen 2

This material is based upon work supported by the
**National Science Foundation**
under Grant Numbers
ESI-9816320, REC-9806020, and RED-935373.

Any opinions, findings, and conclusions, or recommendations expressed in this material
are those of the author and do not necessarily reflect the views of the National Science Foundation.

**HMH**

Copyright © by Houghton Mifflin Harcourt Publishing Company

All rights reserved. No part of this work may be reproduced or transmitted in any form or by any means, electronic or mechanical, including photocopying or recording, or by any information storage or retrieval system, without the prior written permission of the copyright owner unless such copying is expressly permitted by federal copyright law. Requests for permission to make copies of any part of the work should be submitted through our Permissions website at https://customercare.hmhco.com/contactus/Permissions.html or mailed to Houghton Mifflin Harcourt Publishing Company, Attn: Intellectual Property Licensing, 9400 Southpark Center Loop, Orlando, Florida 32819-8647.

Printed in the U.S.A.

ISBN 978-1-328-52037-1

1 2 3 4 5 6 7 8 9 10   0928   27 26 25 24 23 22 21 20 19 18

4500711469          A B C D E F G

| If you have received these materials as examination copies free of charge, Houghton Mifflin Harcourt Publishing Company retains title to the materials and they may not be resold. Resale of examination copies is strictly prohibited. |
|---|

| Possession of this publication in print format does not entitle users to convert this publication, or any portion of it, into electronic format. |
|---|

# 5-1 Haz la tarea

**Escribe cada medida en milímetros (mm). Redondea la medida al centímetro (cm) más cercano.**

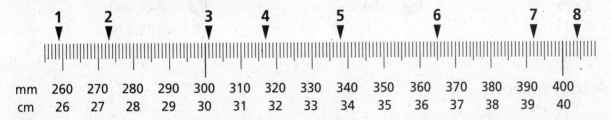

1. _____ mm se redondea a _____ cm
2. _____ mm se redondea a _____ cm
3. _____ mm se redondea a _____ cm
4. _____ mm se redondea a _____ cm
5. _____ mm se redondea a _____ cm
6. _____ mm se redondea a _____ cm
7. _____ mm se redondea a _____ cm
8. _____ mm se redondea a _____ cm

**Escribe un enunciado numérico para responder cada pregunta.**

9. ¿Cuántos metros equivalen a 7 kilómetros?

10. ¿Cuántos centímetros equivalen a 4 metros?

11. ¿Cuántos milímetros equivalen a 15 centímetros?

12. ¿Cuántos milímetros equivalen a 12 metros?

13. ¿Cuántos centímetros equivalen a 2 kilómetros?

**Resuelve.**

*Muestra tu trabajo.*

14. Chester tiene una cinta de 2 metros de largo. Quiere cortarla en 5 piezas iguales. ¿Cuántos centímetros de largo medirá cada pieza?

## 5-1 Recuerda

**Suma o resta.**

1) 7,295
   + 2,941

2) 84,366
   − 20,472

3) 541,000
   − 181,276

**Divide con residuos.**

4) $4\overline{)31}$

5) $6\overline{)44}$

6) $9\overline{)32}$

**Evalúa.**

7) $t = 5$
   $(9 + t) \div 2$
   _____

8) $k = 25$
   $k \div (10 \div 2)$
   _____

9) $p = 3$
   $(6 + p) \times (15 - 11)$
   _____

10) $g = 2$
    $(g \div 2) \times 8$
    _____

11) $r = 5$
    $(15 - r) \times (9 - 3)$
    _____

12) $x = 1$
    $(2 \times 8) \div (4 \div x)$
    _____

13) **Amplía tu razonamiento** Kyle dice que el número es mayor cuando se mide un objeto en centímetros que en milímetros. ¿Es esto correcto? Explica.

_____
_____
_____

## 5-2 Haz la tarea

**Completa.**

**1** ¿Cuántos mililitros equivalen a 3 L?
_____

**2** ¿Cuántos mililitros equivalen a 35 L?
_____

**3** ¿Cuántos gramos equivalen a 40 kg?
_____

**4** ¿Cuántos gramos hay en 5,000 kg?
_____

**Resuelve.**

*Muestra tu trabajo.*

**5** Cada mañana para el desayuno, Mika bebe 20 cL de jugo de naranja. ¿Cuántos mililitros de jugo de naranja bebe cada día?
_____

**6** El cachorrito de Angie pesaba 3 kg cuando lo adquirió. Dos años después, pesaba 9 kg. ¿Cuántos gramos aumentó el cachorrito?
_____

**7** Escribe y resuelve dos problemas: Uno en el que haya que convertir unidades de volumen líquido y otro en el que haya que convertir unidades de masa.
_____
_____
_____
_____
_____

# 5-2 Recuerda

**Resuelve. Usa el método de valor posicional por secciones y el método de notación desarrollada para dividir.**

① Una máquina expendedora de golosinas contiene 5,696 caramelos. Con cada moneda de 25¢, un cliente recibe 8 caramelos. ¿Cuántos clientes pueden usar la máquina expendedora de golosinas antes de haya que rellenarla?

$8\overline{)5{,}696}$

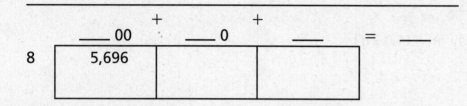

\_\_\_ 00  +  \_\_\_ 0  +  \_\_\_  =  \_\_\_

| 8 | 5,696 | | |

**Escribe una ecuación para resolver el problema. Si es necesario, dibuja un modelo.**

② Un día en la biblioteca se prestaron 1,742 libros en la mañana. En la tarde se prestaron unos libros más. En total, ese día se prestaron 2,563 libros. ¿Cuántos libros se prestaron esa tarde de la biblioteca?

_____

_____

**Escribe un enunciado numérico para responder la pregunta.**

③ ¿Cuántos centímetros equivalen a 6 metros?

_____

④ **Amplía tu razonamiento** Completa la recta numérica doble.

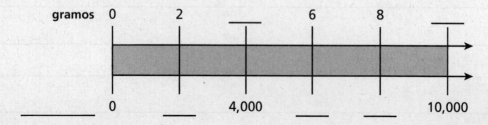

130 UNIDAD 5 LECCIÓN 2    Medidas métricas de volumen líquido y masa

## 5-3 Haz la tarea

**Convierte cada medida.**

1. 45 min = _____ s
2. 2 h = _____ min
3. 3 años = _____ semanas
4. 1 día = _____ min
5. 6 semanas = _____ días
6. 18 días = _____ horas

**Completa el diagrama de puntos. Responde las preguntas usando el diagrama de puntos.**

7. Melissa les preguntó a sus compañeros de clase cuánto tiempo dedicaban por día a hacer ejercicio. La tabla muestra los datos que recolectó Melissa. Completa el diagrama de puntos usando los datos de la tabla.

| Tiempo | Número |
|---|---|
| 0 hora | 0 |
| $\frac{1}{4}$ de hora | 4 |
| $\frac{1}{2}$ hora | 3 |
| $\frac{3}{4}$ de hora | 6 |
| 1 hora | 2 |

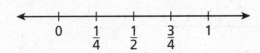

**Tiempo que ejercitan (en horas)**

a. ¿Cuántos estudiantes más hicieron ejercicio por $\frac{3}{4}$ de hora que por $\frac{1}{4}$ de hora? _____

b. ¿A cuántos estudiantes les preguntó Melissa el tiempo que hacían ejercicio? _____

**Resuelve.**

8. Donald toma el autobús al trabajo. El recorrido del autobús dura 37 minutos. Donald se sube al autobús a las 7:22. ¿A qué hora se baja Donald del autobús?

9. Kinesha comenzó a hacer su tarea a las 6:15. Terminó a las 7:32. ¿Cuánto tiempo se demoró Kinesha en hacer su tarea?

## 5-3 Recuerda

**Resuelve.** Usa el método de valor posicional por secciones
y el método de notación desarrollada para dividir.

$5\overline{)1{,}895}$

**1**  ___ 00 + ___ 0 + ___ = ___

| 5 | 1,895 | | |
|---|---|---|---|

**Resuelve cada ecuación.**

**2** $180 \div m = 3$

$m = $ ___

**3** $r \times 9 = 108$

$r = $ ___

**4** $350 \div 7 = p$

$p = $ ___

**Completa.**

**5** ¿Cuántos gramos equivalen a 8 kilogramos?

___

**6** ¿Cuántos mililitros equivalen a 14 centilitros?

___

**7** ¿Cuántos miligramos equivalen a 200 gramos?

___

**Resuelve.**

Muestra tu trabajo.

**8** Una caja llena de clips pesa 150 gramos. Se usan algunos clips de la caja y ahora esta pesa 138 gramos. ¿Cuántos miligramos más liviana es la caja?

___

**9 Amplía tu razonamiento** Cassie y su familia van a un restaurante a cenar. Se van de su casa a las 5:25 y llegan al restaurante a las 5:53. Se van del restaurante a las 7:09. ¿Cuánto tiempo demora la familia en llegar al restaurante? ¿Cuántos minutos pasan desde el momento en que salen de su casa hasta que llegan al restaurante?

___

# 5-4 Haz la tarea

**Completa las tablas.**

**1**

| Yardas | Pulgadas |
|--------|----------|
| 3      |          |
| 6      |          |
| 9      |          |
| 12     |          |

**2**

| Millas | Pies |
|--------|------|
| 2      |      |
| 3      |      |
| 4      |      |
| 5      |      |

**Resuelve.**

**3** 4 pies = _____ pulg

**4** 3 millas = _____ yardas

**5** 11 yd = _____ pies

**6** 26 pies = _____ pulg

Escribe la medida del segmento de recta al $\frac{1}{8}$ de pulgada más cercana.

**7**

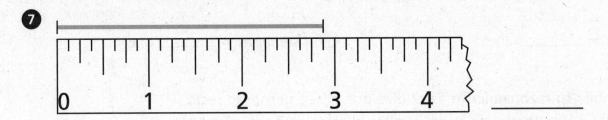

**Resuelve.**

**8** Explica qué está mal en la regla que se muestra a continuación.

# 5-4 Recuerda

**Divide.**

1) 6)582

2) 5)4,961

3) 7)6,334

**Resuelve el problema de comparación.**

4) Michael ganó $265 al cuidar las mascotas de sus vecinos durante el verano. Esta fue 5 veces la cantidad que hizo el verano pasado. ¿Cuánto dinero hizo Michael el verano pasado cuidando mascotas?

_____

**Convierte cada medida.**

5) 9 días = _____ h

6) 14 min = _____ s

7) 6 h = _____ min

8) 4 semanas = _____ días

9) **Amplía tu razonamiento** Zack dice que el segmento de recta mide $3\frac{7}{10}$ pulgadas de largo. Explica el error de Zack. ¿Cuál es la medida correcta del segmento de recta?

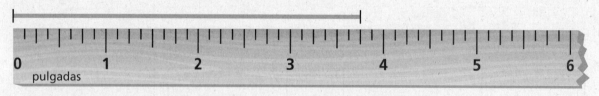

_____
_____
_____
_____

## 5-5 Haz la tarea

**Nombre** _____ **Fecha** _____

**Resuelve.**  *Muestra tu trabajo.*

1. Una coneja dio a luz 6 bebés. Cada bebé pesó 4 onzas. ¿Cuántas onzas pesaron los bebés en total?

   _____

2. Una sandía pesa 128 onzas. Otra pesa 112 onzas. ¿Qué sandía es más pesada? ¿Por cuántas onzas?

   _____

3. Una caja de cereal pesa 21 onzas. ¿Pesa más o menos que 1 libra? ¿Cuánto más o menos?

   _____

4. Mark tenía 3 cuartos de leche. ¿Cuántas pintas de leche tenía Mark?

   _____

5. La mamá de Trevon compró 3 galones de jugo de fruta en la tienda. ¿Cuántas onzas líquidas de jugo de fruta compró la mamá de Trevon?

   _____

6. Marinda preparó una bebida que contenía 2 pintas de jugo de manzana, 3 pintas de jugo de uva y 2 pintas de jugo de arándanos. ¿Cuántas pintas de jugo preparó Marinda?

## 5-5 Recuerda

**Resuelve usando cualquier método.**

① 7)643  ② 2)5,698  ③ 4)8,913

**Escribe y resuelve una ecuación para resolver cada problema. Cuando sea necesario, dibuja barras de comparación.** Muestra tu trabajo.

④ Chris nadó 94 largos en la piscina para recaudar fondos. Esto es el doble del número de largos que esperaba que podría nadar. ¿Cuántos largos esperaba nadar Chris?

_____

⑤ Jackie bebió 60 onzas de agua hoy, que fue 2 veces más onzas que las que bebió ayer. ¿Cuánta agua bebió Jackie ayer?

_____

**Completa las tablas.**

⑥ 
| Pies | Pulgadas |
|---|---|
| 2 | |
| 4 | |
| 5 | |
| 8 | |

⑦ 
| Millas | Yardas |
|---|---|
| 3 | |
| 4 | |
| 8 | |
| 10 | |

⑧ **Amplía tu razonamiento** Kai necesita verter 2 galones de agua en su pecera. Todo lo que tiene es una taza de medir. ¿Cuántas tazas de agua debe poner en la pecera? Explica.

_____

_____

## 5-6 Haz la tarea

**Halla el área y el perímetro de rectángulos con la longitud y el ancho que se muestran.**

**1** $l = 5$ unidades
   $a = 6$ unidades
   $A =$ _____
   $P =$ _____

**2** $l = 8$ unidades
   $a = 4$ unidades
   $A =$ _____
   $P =$ _____

**3** $l = 7$ unidades
   $a = 5$ unidades
   $A =$ _____
   $P =$ _____

**4** $l = 4$ unidades
   $a = 7$ unidades
   $A =$ _____
   $P =$ _____

**5** **Nivel avanzado** Usando solo números enteros, haz tantos rectángulos distintos como puedas que tengan la misma área o el mismo perímetro que los rectángulos de los ejercicios 1 a 4.

**Resuelve cada problema. Muestra la fórmula que usaste para hallar la respuesta.**

*Muestra tu trabajo.*

**6** Enzo construye un área para encerrar perros que mide 10 pies por 9 pies. ¿Cuántos pies de valla necesita para cercar el área?
_____

**7** Una hoja de cartulina mide 9 pulgadas de largo y 11 pulgadas de ancho. ¿Cuántos cuadrados de 1 pulgada puede recortar Dwayne de una hoja de cartulina?
_____

**8** Mieko tiene una alfombra que mide 6 pies de largo y 8 pies de ancho. Su habitación mide 9 pies en cada dirección. ¿Cabrá la alfombra en su habitación? ¿Cómo lo sabes?
_____
_____
_____

## 5-6 Recuerda

**Nombre** _____ **Fecha** _____

**Suma o resta.**

1) 7,382
   − 2,990

2) 47,291
   − 3,845

3) 573,019
   + 32,485

**Usa una ecuación para resolver.**

4) Una tienda paga $715 por un envío de 38 juegos de mesa para aprovisionar sus estantes. Cada juego de mesa se vende a $24. ¿Qué ganancia obtiene la tienda con la venta de estos juegos de mesa?

*Muestra tu trabajo.*

_____

**Resuelve.**

5) Un jardín de niños usa 4 galones de leche por día. ¿Cuántas onzas líquidas de leche usa el jardín de niños en un día?

_____

6) **Amplía tu razonamiento** Un baño tiene una longitud de 10 pies y un ancho de 9 pies. Kade quiere colocar baldosas en el piso que miden 1 pie cuadrado cada una. Luego quiere poner un zócalo a lo largo de los bordes donde se unen las paredes y el piso. ¿Cuántas baldosas necesita Kade? ¿Cuánto zócalo necesita? Muestra tu trabajo.

_____
_____
_____
_____
_____

Perímetro y área de los rectángulos

## 5-7 Haz la tarea

**Resuelve.**                                   Muestra tu trabajo.

1. Barbara tiene una alfombrilla rectangular para el ratón de la computadora. El lado más largo de la alfombrilla mide 8 pulgadas y el más corto mide 3 pulgadas. ¿Cuál es el perímetro y el área de la alfombrilla?

2. Yeasmin tiene una taza con 27 mililitros de leche. Vierte otros 34 mililitros de leche en la taza. Luego bebe 14 mililitros de leche. ¿Cuánta leche queda en la taza?

3. El perro de John pesó 7 libras cuando lo adoptó. El peso del perro se triplicó cada año durante dos años. ¿Cuántas onzas pesa ahora el perro de John?

4. El área de un salón con forma rectangular era de 240 pies cuadrados. El lado más largo de la habitación medía 20 pies. ¿Cuál es la longitud del lado menor de la habitación?

5. Una toronja tiene una masa de 100 gramos. Una sandía tiene una masa 4 veces mayor que la toronja. ¿Cuál es la masa de la sandía, en centigramos?

6. Hannah corrió 200 yardas durante el receso. Juanita corrió 340 yardas durante el receso. En pies, ¿cuánto más lejos corrió Juanita que Hannah?

7. El perímetro del edificio con forma rectangular es de 960 pies. El lado más corto del edificio mide 150 pies. ¿Cuál es la longitud de uno de los lados más largos del edificio?

## 5-7 Recuerda

**Nombre** _____  **Fecha** _____

**Resuelve usando cualquier método. Luego comprueba tu respuesta redondeando y estimando.**

**1)** 6)$\overline{49}$

**2)** 4)$\overline{502}$

**3)** 6)$\overline{3,781}$

**Usa una ecuación para resolver.**

**4)** Sydney hornea mini panecillos para una venta de pasteles. Hornea 4 bandejas que contienen 12 panecillos cada una y tres bandejas que contienen 18 panecillos cada una. ¿Cuántos panecillos hornea Sydney?

_____

**Halla el área y el perímetro para rectángulos con las longitudes y los anchos que se muestran.**

**5)** $l = 8$ unidades
$a = 7$ unidades
$A =$ _____
$P =$ _____

**6)** $l = 2$ unidades
$a = 14$ unidades
$A =$ _____
$P =$ _____

**7)** $l = 12$ unidades
$a = 3$ unidades
$A =$ _____
$P =$ _____

**8) Amplía tu razonamiento** La señorita Carpse escribe el siguiente problema en el pizarrón. *Se corta una cinta de 20 pies de largo en 4 pedazos iguales. ¿Cuántas pulgadas de largo mide cada pedazo de cinta?* Ashe dice que primero se debe dividir 20 pies entre 4, luego convertir a pulgadas. Wesley dice que primero se debe convertir 20 pies a pulgadas, luego dividir entre 4. Explica de qué manera ambos estudiantes están en lo cierto.

_____

_____

_____

_____

# 5-8 Haz la tarea

**Resuelve.**  *Muestra tu trabajo.*

1. Yonni tiene una pecera de 5 galones. Debe cambiar el agua de la pecera. ¿Cuántas tazas de agua necesitará Yonni para remplazar toda el agua de la pecera?

2. Barry construye una cerca alrededor de su patio. El patio tiene forma de rectángulo y el lado más largo del patio mide 20 metros. La cerca tendrá un perímetro de 60 metros. ¿Cuántos metros de longitud tiene el lado corto del patio?

3. El perro de Yesi pesaba 5 libras cuando lo adoptó. Ahora pesa 45 libras. ¿Cuánto aumentó de peso el perro de Yesi, en onzas?

4. La familia de Fiona remplaza la alfombra de la sala. La sala tiene forma de cuadrado. La longitud de una pared es de 16 pies. ¿Cuántos pies cuadrados de alfombra debe comprar la familia de Fiona para remplazar la vieja alfombra?

5. Trevon dibujó los siguientes dos rectángulos. Quería saber la diferencia entre el área de los dos rectángulos. ¿Cuál es la diferencia entre las dos áreas?

Rectángulo 1: 16 dm por 9 dm
Rectángulo 2: 12 dm por 7 dm

## 5-8 Recuerda

**Resuelve. Luego explica el significado del residuo.**

1. Hay 43 estudiantes en un espectáculo musical. Cada fila del auditorio tiene 9 asientos. Si los estudiantes llenan los asientos fila por fila desde adelante hacia atrás, ¿cuántas personas hay en la última fila?

**Escribe si cada número es *primo* o *compuesto*.**

2. 49 _____

3. 31 _____

4. 17 _____

**Resuelve.**

*Muestra tu trabajo.*

5. El perímetro de una estampilla es de 90 milímetros. El lado más largo de la estampilla mide 25 milímetros. ¿Cuál es la longitud del lado más corto?

6. **Amplía tu razonamiento** Las instrucciones para hacer limonada dicen que hay que colocar 2 tazas de concentrado líquido en 1 galón de agua. Si Olivia solo quiere hacer 1 pinta de limonada, ¿cuántas onzas líquidas del concentrado debe usar? Explica.

**6-1 Haz la tarea**   Nombre   Fecha

**Escribe cada fracción como suma de fracciones unitarias.**

1. $\frac{2}{4} =$ _____
2. $\frac{5}{8} =$ _____
3. $\frac{2}{6} =$ _____
4. $\frac{7}{8} =$ _____
5. $\frac{4}{12} =$ _____
6. $\frac{6}{12} =$ _____
7. $\frac{8}{12} =$ _____
8. $\frac{4}{6} =$ _____

**Nombra la fracción para cada suma de fracciones unitarias.**

9. $\frac{1}{4} + \frac{1}{4} + \frac{1}{4} =$ _____
10. $\frac{1}{8} + \frac{1}{8} + \frac{1}{8} =$ _____
11. $\frac{1}{8} + \frac{1}{8} + \frac{1}{8} + \frac{1}{8} =$ _____
12. $\frac{1}{12} + \frac{1}{12} + \frac{1}{12} + \frac{1}{12} + \frac{1}{12} + \frac{1}{12} + \frac{1}{12} =$ _____
13. $\frac{1}{12} + \frac{1}{12} =$ _____
14. $\frac{1}{6} + \frac{1}{6} + \frac{1}{6} =$ _____
15. $\frac{1}{6} + \frac{1}{6} + \frac{1}{6} + \frac{1}{6} + \frac{1}{6} =$ _____
16. $\frac{1}{8} + \frac{1}{8} + \frac{1}{8} + \frac{1}{8} + \frac{1}{8} + \frac{1}{8} =$ _____

**Escribe tres cosas que aprendiste hoy sobre las fracciones.**
_____
_____
_____
_____

UNIDAD 6 LECCIÓN 1   Comprender fracciones

**6-1 Recuerda**

Nombre: Chachi  Fecha: 2024

Resuelve usando cualquier método y muestra tu trabajo.
Revisa tu trabajo con una estimación.

① 2 × 87 _____

② 35 × 64 _____

③ 336
  × 8

Resuelve usando cualquier método.

④ 5)481

⑤ 4)2,575

⑥ 7)3,855

Simplifica cada expresión.

⑦ (7 − 3) · 8 = _____

⑧ (6 × 3) ÷ (11 − 9) = _____

⑨ 9t − 3t = _____

⑩ (12n − n) + 5n = _____

⑪ **Amplía tu razonamiento** Kia tiene un pedazo largo de cinta. Corta la cinta a la mitad, luego corta cada una de esas mitades por la mitad de nuevo. Dibuja la cinta cortada. Kia usa 3 los pedazos cortados para envolver ramos de flores. Escribe una suma de fracciones unitarias y el total para mostrar la cantidad de cinta que usó. ¿Qué fracción representa la cantidad que sobra?

_____

_____

_____

# 6-2 Haz la tarea

**Nombra la fracción de la figura que está sombreada y la fracción de la figura que no está sombreada. Luego escribe una ecuación que muestre cómo las dos fracciones forman un entero.**

**1**

Sombreada: $\frac{4}{6}$

No sombreada: $\frac{2}{6}$

Ecuación: $\frac{6}{6}$

**2**

Sombreada: $\frac{5}{9}$

No sombreada: $\frac{4}{9}$

Ecuación: $\frac{9}{9}$

**3**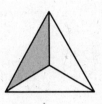

Sombreada: $\frac{1}{3}$

No sombreada: $\frac{2}{3}$

Ecuación: $\frac{3}{3}$

**Escribe la fracción que completará cada ecuación.**

**4** $1 = \frac{3}{3} = \frac{1}{3} + \frac{4}{3}$

**5** $1 = \frac{8}{8} = \frac{3}{8} + \frac{11}{8}$

**6** $1 = \frac{4}{4} = \frac{2}{4} + \frac{6}{4}$

**7** $1 = \frac{10}{10} = \frac{7}{10} + \frac{17}{10}$

**8** $1 = \frac{6}{6} = \frac{5}{6} + \frac{11}{6}$

**9** $1 = \frac{9}{9} = \frac{8}{9} + \frac{18}{9}$

**10** $1 = \frac{7}{7} = \frac{4}{7} + \frac{11}{7}$

**11** $1 = \frac{12}{12} = \frac{9}{12} + \frac{21}{12}$

**Resuelve.**

*Muestra tu trabajo.*

**12** Kim se bebió $\frac{1}{3}$ de un envase de leche. Joan se bebió $\frac{1}{4}$ de un envase de leche. ¿Quién bebió más leche?

Kim tomo mas leche

**13** Maria leyó $\frac{1}{8}$ de un cuento. Darren leyó $\frac{1}{7}$ del mismo cuento. ¿Quién leyó menos del cuento?

Maria leyo menos

## 6-2 Recuerda

**Escribe = o ≠ para hacer que cada enunciado sea verdadero.**

1. $25 + 25 \bigcirc 50$
2. $17 + 3 \bigcirc 30 - 10$
3. $9 + 8 \bigcirc 8 + 9$
4. $31 \bigcirc 23 + 9$
5. $3 + 1 + 12 \bigcirc 15$
6. $40 - 22 \bigcirc 18$

**Resuelve cada ecuación.**

7. $8 \div b = 2$
   b = _____
8. $j \div 6 = 7$
   j = _____
9. $k = 5 \times 3$
   k = _____
10. $q \times 10 = 90$
    q = _____
11. $12 \times r = 36$
    r = _____
12. $a = 7 \times 8$
    a = _____

**Escribe cada fracción como suma de fracciones unitarias.**

13. $\frac{4}{6} =$ _____

14. $\frac{6}{8} =$ _____

15. **Amplía tu razonamiento** Ambas Margaret y June hicieron un pastel de calabaza del mismo tamaño. Cada una cortó su pastel en trozos iguales. El pastel entero de Margaret se puede representar con la fracción $\frac{8}{8}$. El pastel entero de June se puede representar con la fracción $\frac{6}{6}$. ¿Qué diferencia a los dos pasteles? Si Margaret y June comen cada una 1 trozo de su propio pastel, ¿quién comerá más? Explica cómo lo sabes.

_____

_____

_____

_____

146 UNIDAD 6 LECCIÓN 2 — Fracciones que suman uno

## 6-3 Haz la tarea

**Resuelve.**

1) $\frac{4}{8} + \frac{2}{8} = $ _____

2) $\frac{3}{11} + \frac{6}{11} = $ _____

3) $\frac{3}{4} - \frac{2}{4} = $ _____

4) $\frac{3}{5} + \frac{4}{5} = $ _____

5) $\frac{2}{6} + \frac{1}{6} = $ _____

6) $\frac{6}{7} - \frac{2}{7} = $ _____

7) $\frac{5}{12} + \frac{4}{12} = $ _____

8) $\frac{9}{10} - \frac{3}{10} = $ _____

9) $\frac{8}{9} - \frac{4}{9} = $ _____

**Resuelve.**   *Muestra tu trabajo.*

10) Sue conduce para ver a su mamá. El primer día viaja $\frac{2}{5}$ de la distancia. El día siguiente, viaja otros $\frac{2}{5}$ de la distancia. ¿Qué fracción de la distancia ha recorrido?

_____

11) Cuando Keshawn le saca punta a su lápiz, pierde aproximadamente $\frac{1}{12}$ de longitud. Un día le sacó punta a su lápiz 3 veces. Al día siguiente le sacó punta al mismo lápiz 5 veces. ¿Qué fracción del lápiz perdió Keshawn?

_____

12) Un día una florería vendió $\frac{7}{10}$ de sus rosas en la mañana y $\frac{2}{10}$ de sus rosas en la tarde. ¿Qué fracción de las rosas vendió la florería ese día?

_____

13) La naranja de Bonnie se cortó en octavos. Bonnie se comió $\frac{3}{8}$ de la naranja y su amiga se comió $\frac{3}{8}$. ¿Se comieron toda la naranja? Explica.

_____

14) Escribe y resuelve un problema de fracciones propio.

_____

_____

_____

UNIDAD 6 LECCIÓN 3    Sumar y restar fracciones con denominadores comunes

## 6-3 Recuerda

**Resuelve el problema de comparación.**

1) Hay 108 carros estacionados frente a un edificio. Esto es 4 veces el número de carros que están estacionados detrás del edificio. ¿Cuántos carros están estacionados detrás del edificio?

_____

**Escribe un enunciado numérico para responder cada pregunta.**

2) ¿Cuántos milímetros equivalen a 8 metros?

_____

3) ¿Cuántos centímetros equivalen a 35 kilómetros?

_____

4) ¿Cuántos metros equivalen a 72 kilómetros?

_____

**Nombra la fracción que completará cada ecuación.**

5) $1 = \frac{6}{6} = \frac{4}{6} +$ _____

6) $1 = \frac{10}{10} = \frac{1}{10} +$ _____

7) $1 = \frac{3}{3} = \frac{2}{3} +$ _____

8) $1 = \frac{8}{8} = \frac{4}{8} +$ _____

9) **Amplía tu razonamiento** Lilly comenzó su mañana con un vaso de jugo que estaba $\frac{4}{5}$ lleno. Bebió $\frac{3}{5}$ del vaso y luego lo volvió a llenar parcialmente con otros $\frac{2}{5}$. A este punto, ¿qué tan lleno está el vaso de Lilly? Explica tu respuesta.

_____

## 6-4 Haz la tarea

**Nombre** _____  **Fecha** _____

Escribe la fracción equivalente.

1. $6\frac{2}{5}$ = _____
2. $2\frac{3}{8}$ = _____
3. $4\frac{6}{7}$ = _____
4. $8\frac{1}{3}$ = _____
5. $3\frac{7}{10}$ = _____
6. $5\frac{5}{6}$ = _____
7. $7\frac{3}{4}$ = _____
8. $1\frac{4}{9}$ = _____

Escribe el número mixto equivalente.

9. $\frac{50}{7}$ = _____
10. $\frac{16}{10}$ = _____
11. $\frac{23}{4}$ = _____
12. $\frac{50}{5}$ = _____
13. $\frac{21}{8}$ = _____
14. $\frac{11}{3}$ = _____
15. $\frac{60}{9}$ = _____
16. $\frac{23}{5}$ = _____

Resuelve.

*Muestra tu trabajo.*

17. Castor trajo $6\frac{3}{4}$ pasteles de zanahoria pequeños para compartir con los 26 estudiantes de su clase. ¿Trajo Castor suficiente para que cada estudiante comiera $\frac{1}{4}$ de pastel? Explica tu razonamiento.

_____

_____

18. Claire cortó algunas manzanas en octavos. Ella y sus amigas comieron todo excepto 17 trozos. ¿Cuántas manzanas enteras y partes de manzanas sobraron? Menciona cómo lo sabes.

_____

_____

UNIDAD 6 LECCIÓN 4 — Números mixtos y fracciones mayores que 1

## 6-4 Recuerda

**Escribe y resuelve una ecuación para resolver cada problema. Cuando sea necesario, dibuja barras de comparación.**

*Muestra tu trabajo.*

**1** Brigitte acogió 14 perros este año, que son 5 menos que el año pasado. ¿Cuántos perros acogió Brigitte el año pasado?

_____

**2** Rema tiene dos trabajos. En un año, trabajó 276 horas en su primer trabajo. El mismo año, trabajó 3 veces el número de horas en su segundo trabajo. ¿Cuántas horas trabajó Rema ese año en su segundo trabajo?

_____

**Completa.**

**3** ¿Cuántos mililitros equivalen a 21 L? _____

**4** ¿Cuántos miligramos equivalen a 9 g? _____

**5** ¿Cuántos gramos equivalen a 400 kg? _____

**Resuelve.**

**6** $\frac{3}{4} - \frac{1}{4} =$ _____

**7** $\frac{2}{9} + \frac{3}{9} =$ _____

**8** $\frac{7}{8} - \frac{1}{8} =$ _____

**9 Amplía tu razonamiento** Harrison dice que para convertir un número mixto a una fracción mayor que 1, piensa en esto del siguiente modo: $4\frac{2}{5} = \frac{5}{5} + \frac{5}{5} + \frac{5}{5} + \frac{5}{5} + \frac{2}{5} = \frac{22}{5}$. ¿Funciona su estrategia? Explica.

_____

_____

_____

_____

_____

## 6-5 Haz la tarea

**Nombre** _____ **Fecha** _____

### Suma.

**1)** $3\frac{2}{6}$
   $+\ 6\frac{3}{6}$
   _____

**2)** $8\frac{5}{10}$
   $+\ 9\frac{6}{10}$
   _____

**3)** $7\frac{3}{4}$
   $+\ 4\frac{2}{4}$
   _____

**4)** $1\frac{5}{9}$
   $+\ 5\frac{7}{9}$
   _____

**5)** $3\frac{2}{5}$
   $+\ 3\frac{3}{5}$
   _____

**6)** $1\frac{2}{8}$
   $+\ 2\frac{5}{8}$
   _____

### Resta.

**7)** $7\frac{2}{3}$
   $-\ 3\frac{1}{3}$
   _____

**8)** $8\frac{2}{7}$
   $-\ 5\frac{5}{7}$
   _____

**9)** $6\frac{1}{4}$
   $-\ 2\frac{3}{4}$
   _____

**10)** $9\frac{1}{8}$
   $-\ 4\frac{5}{8}$
   _____

**11)** $9\frac{4}{6}$
   $-\ 4\frac{1}{6}$
   _____

**12)** $3\frac{1}{5}$
   $-\ 2\frac{3}{5}$
   _____

### Suma o resta.

**13)** $\frac{1}{4} + \frac{7}{4} = $ _____

**14)** $\frac{3}{8} + \frac{6}{8} = $ _____

**15)** $\frac{9}{6} - \frac{8}{6} = $ _____

**16)** $\frac{5}{9} + \frac{6}{9} = $ _____

**17)** $\frac{9}{2} - \frac{6}{2} = $ _____

**18)** $\frac{5}{10} - \frac{2}{10} = $ _____

**19)** $\frac{2}{5} + \frac{4}{5} = $ _____

**20)** $\frac{8}{7} - \frac{3}{7} = $ _____

**21)** $\frac{7}{3} - \frac{2}{3} = $ _____

UNIDAD 6 LECCIÓN 5    Sumar y restar números mixtos con denominadores comunes

## 6-5 Recuerda

La gráfica muestra el número de millas que corrió Matt durante una semana de entrenamiento para una maratón. Usa la gráfica para los ejercicios 1 y 2.

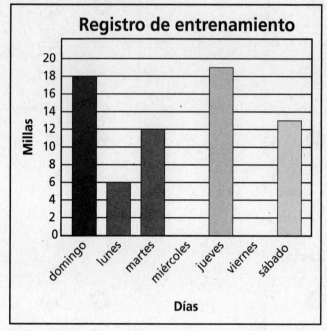

**1** ¿En qué día corrió Matt 3 veces el número de millas que corrió el lunes?

_____

**2** Escribe una ecuación de suma y una ecuación de resta que compare el número de millas que corrió Matt el jueves ($x$) con el número de millas que corrió el martes ($y$).

_____

**Convierte cada medida.**

**3** 4 min = _____ s

**4** 12 h = _____ min

**5** 5 días = _____ h

**6** 2 días = _____ min

**Escribe el número mixto equivalente.**

**7** $\frac{9}{4}$ = _____

**8** $\frac{12}{3}$ = _____

**9** $\frac{63}{10}$ = _____

**10** $\frac{11}{2}$ = _____

**11** $\frac{14}{4}$ = _____

**12** $\frac{15}{6}$ = _____

**13 Amplía tu razonamiento** Garrett cosechó $12\frac{7}{8}$ libras de duraznos. Elise cosechó $13\frac{3}{8}$ libras de duraznos. ¿Quién cosechó más duraznos? ¿Cuántos más? Explica.

_____
_____
_____
_____

## 6-6 Haz la tarea

**Escribe cada número mixto como fracción.**

1. $6\frac{5}{8} = $ _____
2. $2\frac{1}{4} = $ _____
3. $8\frac{3}{10} = $ _____
4. $4\frac{2}{6} = $ _____

**Escribe cada fracción como número mixto.**

5. $\frac{26}{3} = $ _____
6. $\frac{47}{7} = $ _____
7. $\frac{59}{7} = $ _____
8. $\frac{44}{5} = $ _____

**Suma o resta.**

9. $\frac{2}{3} + \frac{2}{3} = $ _____
10. $\frac{5}{7} - \frac{3}{7} = $ _____
11. $1\frac{3}{9} + \frac{7}{9} = $ _____
12. $\frac{3}{4} + 3\frac{3}{4} = $ _____
13. $2\frac{4}{15} - \frac{10}{15} = $ _____
14. $\frac{15}{20} - \frac{6}{20} = $ _____
15. $3\frac{3}{5} - 3\frac{1}{5} = $ _____
16. $1\frac{1}{6} + 2\frac{2}{6} = $ _____
17. $2\frac{7}{8} - 1\frac{2}{8} = $ _____

**Resuelve.**

*Muestra tu trabajo.*

18. Rashid hizo una hogaza de pan que requirió $3\frac{1}{3}$ tazas de harina. Combinó harina blanca con harina de trigo integral. Si usó $1\frac{2}{3}$ tazas de harina blanca, ¿cuánta harina de trigo integral usó?

_____

19. Manuela dedicó $1\frac{3}{4}$ horas a escribir su informe sobre un libro. Katy dedicó $\frac{3}{4}$ de hora más que Manuela al informe de su libro. ¿Cuánto tiempo dedicó Katy a escribir su informe?

_____

## 6-6 Recuerda

**Suma o resta.**

1) 23,546 + 3,198

2) 50,427 − 27,152

3) 850,000 − 541,086

**Usa una ecuación para resolver.**           *Muestra tu trabajo.*

4) Cada uno de los 2 gatos más viejos de Caroline recibe 7 onzas de alimento por día. Su gato más joven recibe 9 onzas de alimento por día. ¿Cuánto alimento da Caroline a sus gatos en total cada día?

5) Chad reparte de igual manera sus 84 carros de juguete entre sus 3 amigos y él. Luego dona 15 carros a una colección de juguetes usados. ¿Cuántos carros le quedan a Chad?

**Suma.**

6) $3\frac{4}{9} + 5\frac{2}{9}$

7) $7\frac{1}{5} + 2\frac{2}{5}$

8) $9\frac{7}{10} + 8\frac{4}{10}$

9) $5\frac{2}{7} + 2\frac{1}{7}$

10) **Amplía tu razonamiento** Chris pidió pizza para su familia en una empresa que corta sus pizzas en 8 porciones cada una. En la tabla de la derecha se muestra la fracción de pizza que come cada miembro de la familia. Si sobró menos que 1 pizza entera, ¿cuántas pizzas pidieron? ¿Qué fracción de una pizza sobró? Muestra tu trabajo.

| Miembro de la familia | Fracción de pizza que comió |
|---|---|
| Chris | $\frac{3}{8}$ |
| Stacy | $\frac{2}{8}$ |
| Rylan | $\frac{4}{8}$ |
| Alec | $\frac{5}{8}$ |
| Kelli | $\frac{3}{8}$ |

## 6-7 Haz la tarea

**Multiplica.**

1) $3 \times \frac{1}{4} =$ _____

2) $5 \times \frac{1}{3} =$ _____

3) $4 \times \frac{1}{6} =$ _____

4) $7 \times \frac{1}{7} =$ _____

5) $2 \times \frac{1}{8} =$ _____

6) $3 \times \frac{1}{10} =$ _____

7) $2 \times \frac{3}{4} =$ _____

8) $12 \times \frac{2}{3} =$ _____

9) $12 \times \frac{5}{6} =$ _____

10) $3 \times \frac{2}{7} =$ _____

11) $24 \times \frac{5}{8} =$ _____

12) $8 \times \frac{3}{10} =$ _____

13) $20 \times \frac{3}{5} =$ _____

14) $9 \times \frac{5}{9} =$ _____

15) $10 \times \frac{7}{12} =$ _____

**Resuelve.**  *Muestra tu trabajo.*

16) Cada día, Manuel come $\frac{1}{8}$ de melón como refrigerio. ¿Cuánto melón come en cinco días?

_____

17) Shannen recolecta papel para reciclar. Recolecta $\frac{1}{3}$ de libra de papel cada semana. ¿Cuánto papel recolectará en 4 semanas?

_____

18) Aisha desempaca cajas. Le toma $\frac{3}{4}$ de hora desempacar cada caja. ¿Cuánto tiempo le tomará desempacar 6 cajas?

_____

19) La señora Suárez corta una pizza en 8 porciones iguales. Cada miembro de su familia comió 2 porciones. Si su familia tiene 3 miembros, ¿qué fracción de la pizza comieron en total?

_____

20) Hailey teje una bufanda. Cada media hora agrega $\frac{3}{7}$ de pulgada a la longitud de la bufanda. ¿Qué longitud agregará a la bufanda en 6 horas?

_____

UNIDAD 6 LECCIÓN 7 — Multiplicar una fracción por un número entero

## 6-7 Recuerda

**Usa una ecuación para resolver.**

*Muestra tu trabajo.*

**1** Camille compró 2 pares de pantalones por $29 cada uno y una camisa por $18. Pagó con $80. ¿Cuánto recibió de cambio?

_____

**2** En un viaje, cuatro amigos gastan $212 en hoteles y $56 en comidas. ¿Cuánto dinero gastaron por persona?

_____

**Completa las tablas.**

**3**

| Yardas | Pies |
|---|---|
| 2 | |
| 5 | |
| 8 | |
| 10 | |

**4**

| Pies | Pulgadas |
|---|---|
| 3 | |
| 4 | |
| 9 | |
| 12 | |

**Suma o resta.**

**5** $\frac{9}{10} - \frac{3}{10} =$ _____

**6** $\frac{2}{5} + \frac{4}{5} =$ _____

**7** $2\frac{1}{8} + 5\frac{3}{8} =$ _____

**8** $8\frac{6}{7} - 8\frac{2}{7} =$ _____

**9** $4\frac{3}{6} + 1\frac{5}{6} =$ _____

**10** $7\frac{1}{4} - 4\frac{3}{4} =$ _____

**11 Amplía tu razonamiento** Un gusano se desplaza hacia adelante $\frac{3}{8}$ de pulgada cada 5 minutos durante 1 hora y 25 minutos. ¿Qué distancia se desplaza el gusano en este tiempo? Explica.

_____

_____

# 6-8 Haz la tarea

**Nombre** _____ **Fecha** _____

**Dibuja un modelo para cada problema. Luego resuelve.**

1. $4 \cdot \frac{1}{5} =$ _____

2. $7 \cdot \frac{1}{3} =$ _____

3. $2 \cdot \frac{3}{8} =$ _____

4. $5 \cdot \frac{3}{4} =$ _____

**Multiplica.**

5. $12 \cdot \frac{5}{6} =$ _____

6. $9 \cdot \frac{1}{2} =$ _____

7. $25 \cdot \frac{3}{7} =$ _____

8. $12 \cdot \frac{4}{5} =$ _____

9. $5 \cdot \frac{2}{12} =$ _____

10. $9 \cdot \frac{2}{3} =$ _____

**Escribe una ecuación. Luego resuelve.** *Muestra tu trabajo.*

11. El zapato de Cal mide $\frac{3}{4}$ de pie de largo. Usó su zapato para medir su habitación y halló que medía 15 zapatos de largo. ¿Cuál es la longitud de la habitación de Cal en pies?

_____

12. El comedor de un campamento de verano da a cada campista $\frac{2}{3}$ de taza de jugo en el desayuno. Esta mañana 50 campistas tomaron jugo en el desayuno. ¿Cuánto jugo sirvió la cafetería en total?

_____

UNIDAD 6 LECCIÓN 8     Practicar multiplicar una fracción por un número entero

## 6-8 Recuerda

**Resuelve cada problema.**

1) $24 \div 8 + 9 = h$

  _____

2) $(14 \div 2) - (3 \times 2) = l$

  _____

3) $20 - (5 \times 4) = p$

  _____

4) $(2 \times 9) + 9 = g$

  _____

5) $(3 + 7) \times (2 + 4) = m$

  _____

6) $(9 \div 3) + (5 - 4) = t$

  _____

**Resuelve.**   *Muestra tu trabajo.*

7) Un bebé pesa 7 libras y 2 onzas cuando nace. ¿Cuántas onzas pesa el bebé?

  _____

8) Jack compró 2 cuartos de aceite de motor. Su auto usó 1 cuarto y otro medio cuarto. ¿Cuántas tazas de aceite le quedan?

  _____

**Multiplica.**

9) $6 \times \frac{1}{7} =$ _____

10) $5 \times \frac{3}{8} =$ _____

11) $2 \times \frac{9}{10} =$ _____

12) $8 \times \frac{3}{4} =$ _____

13) $3 \times \frac{1}{3} =$ _____

14) $15 \times \frac{3}{11} =$ _____

15) **Amplía tu razonamiento** Escribe un problema usando el número entero 4 y la fracción $\frac{3}{8}$. Luego resuelve tu problema.

  _____

  _____

  _____

# 6-9 Haz la tarea

**Nombre** _____ **Fecha** _____

**Suma o resta.**

1) $2\frac{2}{3}$
   $+ 4\frac{1}{3}$

2) $9\frac{7}{9}$
   $- 4\frac{5}{9}$

3) $5\frac{4}{5}$
   $+ 7\frac{3}{5}$

4) $8$
   $- 1\frac{1}{6}$

5) $18\frac{5}{8}$
   $+ 12\frac{7}{8}$

6) $10\frac{1}{4}$
   $- 3\frac{3}{4}$

**Multiplica. Cuando sea posible, escribe tu respuesta como número mixto o número entero.**

7) $5 \cdot \frac{1}{5} =$ _____

8) $5 \cdot \frac{4}{7} =$ _____

9) $20 \cdot \frac{3}{10} =$ _____

10) $8 \cdot \frac{1}{6} =$ _____

11) $9 \cdot \frac{7}{12} =$ _____

12) $2 \cdot \frac{4}{9} =$ _____

**Escribe una ecuación. Luego resuelve.**

*Muestra tu trabajo.*

13) En el pícnic del club de ciencias, se servirán $\frac{2}{3}$ de taza de ensalada de papas a cada estudiante. Si 20 estudiantes asisten al pícnic, ¿cuánta ensalada de papas necesitarán?

   _____

14) Skye dedicó $4\frac{2}{6}$ horas a leer el fin de semana. Si leyó $1\frac{5}{6}$ horas el sábado, ¿cuánto tiempo leyó el domingo?

   _____

UNIDAD 6 LECCIÓN 9 — Práctica mixta

## 6-9 Recuerda

**Nombre** _____  **Fecha** _____

**Indica si 3 es factor de cada número. Escribe *sí* o *no*.**

① 12       ② 14       ③ 38       ④ 51

_____   _____   _____   _____

**Indica si cada número es múltiplo de 6. Escribe *sí* o *no*.**

⑤ 46       ⑥ 54       ⑦ 21       ⑧ 30

_____   _____   _____   _____

**Halla el área y el perímetro de rectángulos con las longitudes y los anchos que se muestran.**

⑨ $l$ = 7 unidades
    $a$ = 8 unidades
    A = _____
    P = _____

⑩ $l$ = 2 unidades
    $a$ = 4 unidades
    A = _____
    P = _____

⑪ $l$ = 7 unidades
    $a$ = 5 unidades
    A = _____
    P = _____

**Escribe una ecuación. Luego resuelve.**

*Muestra tu trabajo.*

⑫ Mattie camina $\frac{3}{4}$ de milla a la escuela y luego de regreso cada día. ¿Cuántas millas camina desde y hacia la escuela en 5 días?

_____

⑬ Cierta estampilla mide 2 pulgadas de largo y $\frac{5}{6}$ de pulgada de ancho. ¿Cuál es el área de la estampilla?

_____

⑭ **Amplía tu razonamiento** Para un trabajo de carpintería, Tyler cortó 14 tablas de $\frac{3}{4}$ de yarda cada una y una tabla de $2\frac{1}{4}$ yardas. ¿Cuál es la longitud total de las tablas que cortó Tyler? Muestra tu trabajo.

_____

# 6-10 Haz la tarea

**Nombre** _____ **Fecha** _____

Un huerto de pizza es una versión más pequeña de una granja de pizza. Puedes hacer tu propio huerto de pizza en tu casa o en tu comunidad.

**1** Usa el siguiente círculo para dibujar un huerto de pizza vegetariana con 8 porciones. En cada porción, muestra uno de los siguientes ingredientes vegetarianos: trigo, fruta, vegetales, hierbas italianas y vacas lecheras. Usa cada tipo de ingrediente al menos una vez.

**2** ¿Qué fracción de tu huerto de pizza está formado por trigo o fruta?

_____

**3** ¿Qué fracción de tu huerto de pizza no está formado por vegetales?

_____

UNIDAD 6 LECCIÓN 10     Enfoque en la resolución de problemas

**6-10**
**Recuerda**

**Nombre** _____ **Fecha** _____

**Usa la regla para hallar los próximos cinco términos del patrón.**

**1** 7, 14, 28, 56, …

Regla: multiplicar por 2
_____

**2** 10, 18, 26, 34, …

Regla: sumar 8
_____

**Usa la regla para hallar los primeros diez términos del patrón.**

**3** Primer término: 3    Regla: multiplicar por 2
_____

**Resuelve.**

**4** Un huerto de vegetales rectangular mide 10 yardas por 7 yardas. ¿Cuál es el perímetro del huerto en pies?
_____
_____

**Multiplica. Cambia las fracciones mayores de 1 a números o mixtos o números enteros.**

**5** $7 \cdot \frac{3}{5} =$ _____    **6** $12 \cdot \frac{1}{2} =$ _____    **7** $9 \cdot \frac{3}{10} =$ _____

**8 Amplía tu razonamiento** La tabla muestra la cantidad de nieve, en pulgadas, durante los meses de invierno del año pasado y este año. ¿Cuánto tendría que nevar en febrero de este año para que el total de nieve este invierno sea el mismo que el invierno pasado? Muestra tu trabajo.

| Año pasado | | | Este año | | |
|---|---|---|---|---|---|
| dic. | ene. | feb. | dic. | ene. | feb. |
| $27\frac{7}{8}$ | $17\frac{1}{8}$ | $26\frac{3}{8}$ | $35\frac{5}{8}$ | $11\frac{1}{8}$ | ? |

_____
_____

## 7-1 Haz la tarea

**Nombre** _____ **Fecha** _____

**Escribe > o < para que cada enunciado sea verdadero.**

1. $\frac{1}{5}$ ◯ $\frac{1}{4}$
2. $\frac{6}{10}$ ◯ $\frac{5}{10}$
3. $\frac{4}{10}$ ◯ $\frac{4}{12}$
4. $\frac{3}{5}$ ◯ $\frac{4}{5}$
5. $\frac{3}{6}$ ◯ $\frac{3}{8}$
6. $\frac{7}{100}$ ◯ $\frac{8}{100}$

**Resuelve. Explica tus respuestas.** *Muestra tu trabajo.*

7. Juan comió $\frac{2}{12}$ de la ensalada de fruta y Harry comió $\frac{3}{12}$ de la misma ensalada. ¿Quién comió más ensalada?

   _____
   _____
   _____

8. Kim bebió $\frac{1}{3}$ de un envase de leche. Joan bebió $\frac{1}{4}$ de un envase. ¿Quién bebió más?

   _____
   _____

9. Maria leyó $\frac{3}{8}$ de un cuento. Darren leyó $\frac{3}{6}$ del mismo cuento. ¿Quién leyó más del cuento?

   _____
   _____
   _____

10. Escribe 2 cosas que aprendiste hoy sobre comparar fracciones.

    _____
    _____
    _____

11. Escribe y resuelve un problema con fracciones propio.

    _____
    _____
    _____

# 7-1 Recuerda

**Divide.**

1) $6\overline{)273}$
2) $2\overline{)1{,}935}$
3) $7\overline{)812}$

**Escribe = o ≠ para que cada enunciado sea verdadero.**

4) $16 - 4 \bigcirc 2$
5) $20 + 8 \bigcirc 30 - 2$
6) $9 - 4 \bigcirc 12$

7) $48 \bigcirc 24 + 24$
8) $50 + 3 + 8 \bigcirc 71$
9) $13 + 15 \bigcirc 15 + 13$

**Resuelve cada ecuación.**

10) $18 \div s = 9$
    $s = $ _____
11) $m = 8 \times 4$
    $m = $ _____
12) $p \div 10 = 7$
    $p = $ _____

13) $t \times 12 = 60$
    $t = $ _____
14) $3 \times y = 18$
    $y = $ _____
15) $j = 42 \div 6$
    $j = $ _____

16) **Amplía tu razonamiento** Ellen, Fern y Kyle beben leche de envases del mismo tamaño en la cafetería. El envase de Ellen está $\frac{3}{7}$ lleno. El envase de Fern está $\frac{3}{10}$ lleno. El envase de Kyle está $\frac{3}{4}$ lleno. ¿A quién le queda menos leche en su envase? Explica cómo lo sabes.

_____

_____

_____

_____

164 UNIDAD 7 LECCIÓN 1 — Comparar fracciones

# 7-2 Haz la tarea

**1** Usa la recta numérica para comparar fracciones o números mixtos. Escribe > o < para que el enunciado sea verdadero.

a. $\dfrac{3}{4} \bigcirc \dfrac{5}{8}$   b. $1\dfrac{1}{4} \bigcirc \dfrac{3}{2}$   c. $\dfrac{9}{4} \bigcirc 2\dfrac{1}{2}$   d. $\dfrac{7}{2} \bigcirc \dfrac{17}{8}$

e. $4\dfrac{2}{4} \bigcirc 4\dfrac{5}{8}$   f. $4\dfrac{1}{2} \bigcirc \dfrac{33}{8}$   g. $1\dfrac{3}{4} \bigcirc 1\dfrac{7}{8}$   h. $1\dfrac{1}{2} \bigcirc 1\dfrac{1}{8}$

**2** Marca y rotula la letra de cada fracción o número mixto en la recta numérica.

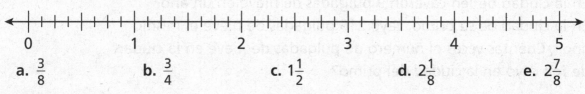

a. $\dfrac{3}{8}$   b. $\dfrac{3}{4}$   c. $1\dfrac{1}{2}$   d. $2\dfrac{1}{8}$   e. $2\dfrac{7}{8}$

f. $3\dfrac{1}{4}$   g. $3\dfrac{5}{8}$   h. $4\dfrac{2}{4}$   i. $4\dfrac{6}{8}$   j. $4\dfrac{7}{8}$

La siguiente lista muestra la cantidad de fruta que se compró en el mercado.

### Compras de fruta (lb = libras)

| Manzanas $2\dfrac{1}{8}$ lb | Bananas $2\dfrac{3}{8}$ lb |
|---|---|
| Uvas $2\dfrac{2}{3}$ lb | Naranjas $3\dfrac{1}{10}$ lb |

**3** Decide si cada peso es más cercano a 2 libras, $2\dfrac{1}{2}$ libras o 3 libras. Escribe *cercano a 2 libras*, *cercano a $2\dfrac{1}{2}$ libras* o *cercano a 3 libras*.

a. manzanas _____   b. bananas _____

c. uvas _____   d. naranjas _____

**4** ¿Qué compra tuvo mayor peso?

a. manzanas o uvas _____   b. naranjas o bananas _____

UNIDAD 7 LECCIÓN 2   Fracciones en la recta numérica

# 7-2 Recuerda

**Resuelve usando cualquier método.**

**1)** 8)1,219    **2)** 3)7,149    **3)** 4)4,038

**Resuelve cada problema de comparación.**

**4)** Mateo leyó 2,382 páginas de una serie de libros en el verano. Esto es 3 veces el número de páginas que leyó su hermano menor en el verano. ¿Cuántas páginas leyó el hermano de Mateo en el verano?

_____

**5)** En la ciudad de Jen cayeron 9 pulgadas de nieve en un año. En la ciudad de su primo, cayó 216 pulgadas de nieve el mismo año. ¿Cuántas veces el número de pulgadas de nieve en la ciudad de Jen cayó en la ciudad del primo?

_____

**Escribe < o > para que cada enunciado sea verdadero.**

**6)** $\frac{2}{5}$ ◯ $\frac{4}{5}$    **7)** $\frac{1}{8}$ ◯ $\frac{3}{8}$    **8)** $\frac{4}{5}$ ◯ $\frac{4}{6}$

**9) Amplía tu razonamiento** Dakota dice que el punto en la recta numérica que se muestra aquí es $\frac{4}{5}$. Su maestro dice que lee la recta numérica incorrectamente. ¿Cuál es el error de Dakota? ¿Cuál es la fracción correcta?

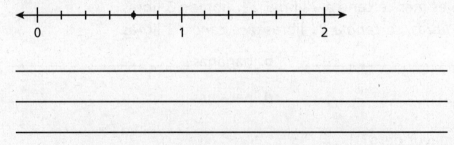

_____
_____
_____
_____

# 7-3 Haz la tarea

1. Dibuja un cuadrado pequeño, un cuadrado mediano y un cuadrado grande. Sombrea $\frac{1}{6}$ de cada uno.

2. Dibuja un círculo pequeño, un círculo mediano y un círculo grande. Sombrea $\frac{3}{4}$ de cada uno.

3. Dibuja un rectángulo corto, un rectángulo mediano y un rectángulo grande. Sombrea $\frac{3}{5}$ de cada uno.

4. Mira las figuras de diferentes tamaños que sombreaste en los problemas 1 a 3. Describe lo que muestran sobre fracciones de diferentes enteros.

   _____
   _____
   _____

**Resuelve.**

*Muestra tu trabajo.*

5. Kris se comió $\frac{3}{8}$ de una pizza y Kim se comió $\frac{4}{8}$ de la misma pizza. ¿Se comieron toda la pizza? Explica.

   _____

6. Amena se comió $\frac{1}{2}$ de un sándwich. Lavonne comió $\frac{1}{2}$ de un sándwich distinto. Amena dijo que comieron la misma cantidad. Lavonne dijo que Amena comió más. ¿Puede estar en lo cierto Lavonne? Explica tu razonamiento.

   _____
   _____
   _____

# 7-3 Recuerda

**Nombre** _____ **Fecha** _____

**Suma o resta.**

①    8,159
   + 2,713

②    54,992
   + 8,317

③    625,000
   − 139,256

**Usa una ecuación para resolver.**

④ Chad cosechó 39 papas de su huerto. Se dejó 11 para él y compartió las papas restantes equitativamente entre sus 4 vecinos. ¿Cuántas papas recibió cada vecino?

_____

⑤ Marca y rotula el punto para cada fracción o número mixto con su letra.

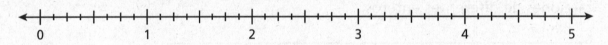

a. $3\frac{1}{8}$      b. $1\frac{2}{4}$      c. $\frac{3}{4}$      d. $4\frac{7}{8}$      e. $2\frac{1}{8}$

f. $\frac{5}{8}$      g. $2\frac{1}{4}$      h. $1\frac{3}{8}$      i. $3\frac{6}{8}$      j. $4\frac{1}{2}$

⑥ **Amplía tu razonamiento** Raylene hizo un brazalete con 28 cuentas. También hizo un collar con el doble de número de cuentas que el brazalete. Si $\frac{1}{2}$ de las cuentas del brazalete son verdes y $\frac{1}{4}$ de las cuentas del collar son verdes, ¿cuál tiene más cuentas verdes: el brazalete, el collar o ninguno? Explica.

_____

_____

_____

# 7-4 Haz la tarea

**Usa las tiras de fracciones para mostrar cómo cada par es equivalente.**

**1)** $\dfrac{1}{3}$ y $\dfrac{2}{6}$

$\dfrac{1}{3} = \dfrac{1 \times \Box}{3 \times \Box} = \dfrac{2}{6}$

**2)** $\dfrac{3}{4}$ y $\dfrac{9}{12}$

$\dfrac{3}{4} = \dfrac{3 \times \Box}{4 \times \Box} = \dfrac{9}{12}$

**3)** $\dfrac{2}{5}$ y $\dfrac{4}{10}$

$\dfrac{2}{5} = \dfrac{2 \times \Box}{5 \times \Box} = \dfrac{4}{10}$

**4)** $\dfrac{2}{4}$ y $\dfrac{6}{12}$

$\dfrac{2}{4} = \dfrac{2 \times \Box}{4 \times \Box} = \dfrac{6}{12}$

**Completa para mostrar cómo las fracciones son equivalentes.**

**5)** $\dfrac{5}{6}$ y $\dfrac{35}{42}$

$\dfrac{5}{6} = \dfrac{5 \times \Box}{6 \times \Box} = \dfrac{35}{42}$

**6)** $\dfrac{4}{10}$ y $\dfrac{40}{\Box}$

$\dfrac{4}{10} = \dfrac{4 \times 10}{10 \times \Box} = \dfrac{\Box}{\Box}$

**Completa.**

**7)** $\dfrac{4}{5} = \dfrac{4 \times \Box}{5 \times \Box} = \dfrac{\Box}{45}$

**8)** $\dfrac{2}{5} = \dfrac{2 \times \Box}{5 \times \Box} = \dfrac{\Box}{40}$

**9)** $\dfrac{3}{8} = \dfrac{3 \times \Box}{8 \times \Box} = \dfrac{18}{\Box}$

## 7-4 Recuerda

**Resuelve. Luego explica el significado del residuo.**

**1** Doris está preparando bolsas de regalo. Tiene que dividir 53 sorpresas equitativamente entre bolsas de regalo para 7 invitados. ¿Cuántas sorpresas le tocarán a cada invitado?

**Resuelve cada problema.**

**2** $2 \times 9 + 5 = r$

**3** $36 \div (20 - 8) = t$

**Resuelve.**

**4** Mattie y Leah compraron cada una un cono de helado por el mismo precio. Mattie dijo que le costó $\frac{2}{3}$ de su mesada. Leah dijo que le costó $\frac{1}{3}$ de su mesada. ¿Quién recibe mayor mesada? Explica.

**5** **Amplía tu razonamiento** Omar corta una pizza en 4 porciones y come 3 porciones. Dice que comería la misma cantidad de pizza si cortara la pizza en 8 porciones y comiera 6. Paul dice que puede cortar la pizza en 16 porciones y comer 12 porciones para comer la misma cantidad. ¿Quién está en lo cierto? Explica.

# 7-5 Haz la tarea

**Nombre** _____  **Fecha** _____

**Sombrea la barra de fracciones para mostrar la fracción de objetos vendidos. Agrupa las fracciones unitarias para formar una fracción equivalente en su mínima expresión. Muestra tu trabajo numéricamente.**

**1** La gerente de Flores de Fantasía hizo 8 ramos de flores silvestres. Al mediodía, vendió 2 ramos. ¿Qué fracción vendió?

| $\frac{1}{8}$ | $\frac{1}{8}$ | $\frac{1}{8}$ | $\frac{1}{8}$ | $\frac{1}{8}$ | $\frac{1}{8}$ | $\frac{1}{8}$ | $\frac{1}{8}$ |
|---|---|---|---|---|---|---|---|

Tamaño del grupo: _____  Fracción de los ramos vendidos: $\frac{2 \div}{8 \div} =$ _____

**2** Un vendedor de carros tenía 12 carros rojos en su lote al principio del mes. La primera semana vendió 8. ¿Qué fracción vendió esa semana?

| $\frac{1}{12}$ | $\frac{1}{12}$ | $\frac{1}{12}$ | $\frac{1}{12}$ | $\frac{1}{12}$ | $\frac{1}{12}$ | $\frac{1}{12}$ | $\frac{1}{12}$ | $\frac{1}{12}$ | $\frac{1}{12}$ | $\frac{1}{12}$ | $\frac{1}{12}$ |
|---|---|---|---|---|---|---|---|---|---|---|---|

Tamaño del grupo: _____  Fracción de los carros vendidos: $\frac{8 \div}{12 \div} =$ _____

**3** Una tienda de música recibió 10 copias de un nuevo CD. Vendieron 6 en la primera hora. ¿Qué fracción vendió la tienda en la primera hora?

| $\frac{1}{10}$ | $\frac{1}{10}$ | $\frac{1}{10}$ | $\frac{1}{10}$ | $\frac{1}{10}$ | $\frac{1}{10}$ | $\frac{1}{10}$ | $\frac{1}{10}$ | $\frac{1}{10}$ | $\frac{1}{10}$ |
|---|---|---|---|---|---|---|---|---|---|

Tamaño del grupo: _____  Fracción de CD vendidos: $\frac{6 \div}{10 \div} =$ _____

**Simplifica cada fracción.**

**4** $\frac{8 \div}{10 \div} =$ _____

**5** $\frac{6 \div}{12 \div} =$ _____

**6** $\frac{25 \div}{100 \div} =$ _____

**7** $\frac{4 \div}{8 \div} =$ _____

UNIDAD 7 LECCIÓN 5  Fracciones equivalentes usando la división

# 7-5 Recuerda

**Indica si 4 es factor de cada número. Escribe *sí* o *no*.**

1. 12 _____
2. 20 _____
3. 10 _____
4. 26 _____

**Indica si cada número es múltiplo de 3. Escribe *sí* o *no*.**

5. 15 _____
6. 32 _____
7. 27 _____
8. 25 _____

**Nombra la fracción para cada suma de fracciones unitarias.**

9. $\frac{1}{8} + \frac{1}{8} + \frac{1}{8} + \frac{1}{8} + \frac{1}{8} =$ _____

10. $\frac{1}{12} + \frac{1}{12} + \frac{1}{12} + \frac{1}{12} + \frac{1}{12} + \frac{1}{12} =$ _____

11. $\frac{1}{9} + \frac{1}{9} + \frac{1}{9} + \frac{1}{9} + \frac{1}{9} + \frac{1}{9} + \frac{1}{9} =$ _____

**Completa.**

12. $\frac{3}{5} = \frac{3 \times \square}{5 \times \square} = \frac{21}{\square}$

13. $\frac{2}{9} = \frac{2 \times \square}{9 \times \square} = \frac{\square}{36}$

14. $\frac{5}{6} = \frac{5 \times \square}{6 \times \square} = \frac{15}{\square}$

15. **Amplía tu razonamiento** Explica dos modos de simplificar $\frac{6}{12}$.

_____
_____
_____
_____
_____

# 7-6 Haz la tarea

**1** Usa las tiras de fracciones para comparar las fracciones $\frac{7}{12}$ y $\frac{2}{3}$.

$\frac{7}{12}$ ◯ $\frac{2}{3}$

| $\frac{1}{12}$ | $\frac{1}{12}$ | $\frac{1}{12}$ | $\frac{1}{12}$ | $\frac{1}{12}$ | $\frac{1}{12}$ | $\frac{1}{12}$ | $\frac{1}{12}$ | $\frac{1}{12}$ | $\frac{1}{12}$ | $\frac{1}{12}$ | $\frac{1}{12}$ |
|---|---|---|---|---|---|---|---|---|---|---|---|
| $\frac{1}{3}$ |||| $\frac{1}{3}$ |||| $\frac{1}{3}$ ||||

**2** Usa las tiras de fracciones para comparar las fracciones $\frac{5}{6}$ y $\frac{2}{3}$.

$\frac{5}{6}$ ◯ $\frac{2}{3}$

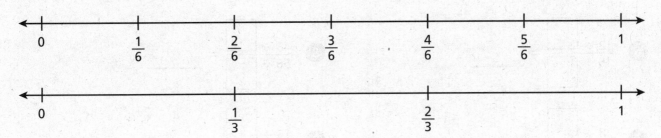

Compara. Escribe >, < o =.

**3** $\frac{1}{6}$ ◯ $\frac{3}{5}$

**4** $\frac{7}{8}$ ◯ $\frac{3}{4}$

**5** $\frac{1}{4}$ ◯ $\frac{3}{10}$

**6** $\frac{7}{10}$ ◯ $\frac{5}{8}$

**7** $\frac{2}{3}$ ◯ $\frac{1}{2}$

**8** $\frac{2}{5}$ ◯ $\frac{7}{10}$

## 7-6 Recuerda

**Escribe un enunciado numérico para responder cada pregunta.**

**1** ¿Cuántos metros equivalen a 58 kilómetros?
_____

**2** ¿Cuántos milímetros equivalen a 17 centímetros?
_____

**Nombra la fracción que completará cada ecuación.**

**3** $1 = \frac{4}{4} = \frac{1}{4} +$ _____

**4** $1 = \frac{8}{8} = \frac{2}{8} +$ _____

**5** $1 = \frac{6}{6} = \frac{1}{6} +$ _____

**Simplifica cada fracción.**

**6** $\dfrac{12 \div \square}{15 \div \square} =$ _____

**8** $\dfrac{48 \div \square}{56 \div \square} =$ _____

**7** $\dfrac{28 \div \square}{36 \div \square} =$ _____

**9** $\dfrac{15 \div \square}{40 \div \square} =$ _____

**10 Amplía tu razonamiento** Kathleen, Penny y Megan piden batidos de 12 onzas. Luego de 5 minutos, a Kathleen aún le queda $\frac{3}{4}$, a Penny $\frac{5}{6}$ y a Megan $\frac{5}{8}$. ¿Quién tiene la menor cantidad de batido en su vaso? ¿Quién tiene la mayor cantidad? Explica.

_____
_____
_____
_____
_____

# 7-7 Haz la tarea

Tyler les preguntó a sus compañeros de clase la distancia en millas desde su casa hasta la escuela. Las distancias que nombraron se muestran en la tabla.

| Distancia desde casa hasta la escuela (en millas) | Número de estudiantes |
|---|---|
| $\frac{2}{8}$ | 5 |
| $\frac{3}{8}$ | 3 |
| $\frac{4}{8}$ | 4 |
| $\frac{5}{8}$ | 5 |
| $\frac{6}{8}$ | 3 |
| $\frac{7}{8}$ | 7 |

**1** Haz un diagrama de puntos con los datos

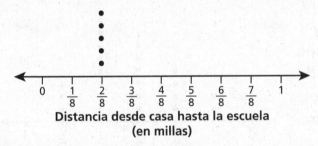

Distancia desde casa hasta la escuela (en millas)

**2** ¿A cuántos estudiantes les preguntó Tyler en total? Explica cómo lo sabes.

_____

**3** Halla la diferencia entre la mayor distancia y la menor distancia.

_____

**4** Layla vive a la menor distancia de la escuela. Su amiga Geneva vive a $\frac{3}{8}$ de milla de ella. Geneva caminó hasta la casa de Layla. Luego las dos chicas caminaron juntas a la escuela. ¿Cuánto caminó Geneva en total?

# 7-7 Recuerda

**Completa.**

1. ¿Cuántos litros equivalen a 39 kilolitros? _____

2. ¿Cuántos miligramos equivalen a 4 centigramos? _____

**Resuelve.**

3. $\frac{5}{9} + \frac{2}{9} =$ _____

4. $\frac{4}{6} - \frac{1}{6} =$ _____

5. $\frac{10}{11} - \frac{3}{11} =$ _____

**Usa un denominador común para comparar las fracciones. Escribe <, = o > para que el enunciado sea verdadero.**

6. $\frac{9}{10} \bigcirc \frac{2}{3}$

7. $\frac{5}{8} \bigcirc \frac{3}{5}$

8. $\frac{2}{3} \bigcirc \frac{5}{6}$

9. $\frac{4}{14} \bigcirc \frac{2}{7}$

10. $\frac{4}{5} \bigcirc \frac{4}{10}$

11. $\frac{6}{8} \bigcirc \frac{5}{6}$

12. **Amplía tu razonamiento** El señor Brady preguntó a sus estudiantes cuánto tiempo le tomó a cada uno completar su tarea de la noche anterior. Presentó los resultados en el diagrama de puntos que se muestra. ¿Cuántos minutos le tomó hacer la tarea al mayor número de estudiantes? ¿Cuántas horas combinadas dedicaron esos estudiantes en particular a su tarea? Explica.

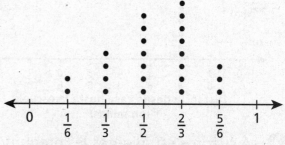

**Tiempo para hacer la tarea (en horas)**

_____

_____

_____

_____

# 7-8 Haz la tarea

**Nombre** _____ **Fecha** _____

Usa los elementos visuales para llenar cada espacio en blanco.

**1** La parte sombreada del entero representa:

$\frac{40}{100}$ = _____ de _____ partes iguales y el decimal _____.

$\frac{4}{10}$ = _____ de _____ partes iguales y el decimal _____.

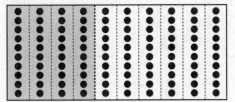

**2** La parte sombreada del entero representa:

$\frac{25}{100}$ = _____ de _____ partes iguales, $\frac{1}{4}$ = _____ de _____ de partes iguales, y el decimal _____.

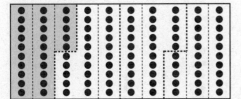

**3** La parte sombreada del entero representa:

$\frac{110}{100}$ = _____ de _____ partes iguales, $\frac{11}{10}$ = _____ de _____ partes iguales,

$1\frac{1}{10}$ = _____ entero y _____ de _____ partes iguales, y el decimal _____.

**Resuelve.**

**4** Juan sombreó una parte del entero. Cuatro fracciones representan la parte sombreada del entero. Haz una lista con cada fracción. Explica cómo cada fracción se relaciona con la parte sombreada del entero.

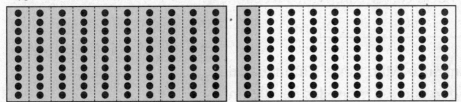

_____

_____

_____

UNIDAD 7 LECCIÓN 8     Relacionar fracciones y decimales

# 7-8 Recuerda

**Convierte cada medida.**

1. 12 h = _____ min
2. 2 meses = _____ semanas
3. 43 min = _____ s
4. 6 días = _____ h

**Escribe el número mixto equivalente.**

5. $\frac{12}{5}$ = _____
6. $\frac{19}{4}$ = _____
7. $\frac{15}{2}$ = _____
8. $\frac{29}{3}$ = _____
9. $\frac{49}{8}$ = _____
10. $\frac{37}{6}$ = _____

El diagrama de puntos muestra cuánto cabello se cortó Emmy cada vez que fue al salón este año. Usa el diagrama de puntos para responder los ejercicios 11 y 12.

11. ¿Cuántas veces se cortó el cabello Emmy este año?

_____

12. ¿Cuánto más larga era la longitud del cabello que Emmy se hacía cortar con más frecuencia que la longitud de cabello que se hacía cortar con menos frecuencia?

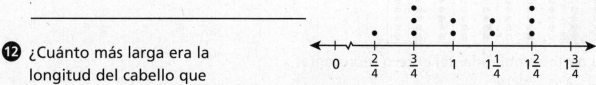

**Longitud de cabello cortado (en pulgadas)**

_____

13. **Amplía tu razonamiento** Milo tiene 3 monedas de 25¢ en el bolsillo derecho y 8 monedas de 10¢ en el bolsillo izquierdo. Muestra la cantidad de dinero que tiene Milo en cada bolsillo como suma de fracciones y como suma de decimales. ¿En qué bolsillo hay más dinero?

# 7-9 Haz la tarea

**Nombre** _____  **Fecha** _____

Escribe una fracción y un número decimal para mostrar qué parte de cada barra está sombreada.

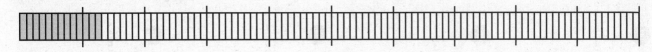

**1** Fracción: _____   Número decimal: _____

**2** Fracción: _____   Número decimal: _____

Escribe estas cantidades como números decimales.

**3** 5 décimos _____   **4** 9 centésimos _____   **5** 56 centésimos _____

**6** $\frac{80}{100}$ _____   **7** $\frac{3}{10}$ _____   **8** $\frac{1}{100}$ _____

**9** 3 centavos _____   **10** 2 monedas de 25¢ _____   **11** 3 monedas de 5¢ _____

Responde las siguientes preguntas.

**12** Si tomaras una prueba con 10 preguntas y tuvieras 7 bien, ¿qué parte decimal sería? _____
¿Qué parte decimal tuviste mal? _____

**13** Si tuvieras un dólar y gastaras 5 centavos, ¿qué cantidad decimal gastaste? _____
¿Qué cantidad decimal te queda? _____

**14** Si tenías una bolsa con 100 cuentas y usaste 40, ¿qué número decimal usaste? Expresa este número en décimos y en centésimos. _____

**15** Si tuviste que viajar 100 millas e hiciste 25 millas, ¿qué parte decimal del viaje recorriste? _____
¿Qué parte decimal del viaje aún te falta? _____

Explorar los números decimales

# 7-9 Recuerda

**Convierte.**

1. 7 pies = _____ pulg
2. 4 mi = _____ yd
3. 15 yd = _____ pies
4. 2 yd = _____ pulg

**Suma o resta.**

5. $8\frac{4}{8}$
   $+2\frac{2}{8}$

6. $1\frac{1}{3}$
   $+7\frac{1}{3}$

7. $5\frac{11}{12}$
   $-1\frac{5}{12}$

8. $8\frac{2}{5}$
   $-7\frac{4}{5}$

**Usa los elementos visuales para completar cada espacio en blanco.**

9. La parte sombreada del entero representa:

   $\frac{70}{100}$ representa _____ de _____ partes iguales y el decimal _____.

   $\frac{7}{10}$ representa _____ de _____ partes iguales y el decimal _____.

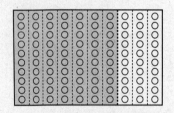

10. **Amplía tu razonamiento** Rosemary puso 7 monedas de 10¢ y 3 monedas de 1¢ en un frasco de propinas de un café. Muestra esta cantidad como decimal y como fracción. ¿Cuánto cambio más tendría que poner Rosemary en el frasco de propinas para formar un dólar entero?

    _____

    _____

# 7-10 Haz la tarea

**Nombre** _____ **Fecha** _____

**Escribe los números decimales que siguen.**

**1)** 0.05   0.06   0.07   _____   _____   _____

**2)** 0.26   0.27   0.28   _____   _____   _____

**3)** 0.3   0.4   0.5   _____   _____   _____

**Escribe cada número en forma decimal.**

**4)** 9 décimos _____   **5)** 5 centésimos _____   **6)** 29 centésimos _____

**7)** $\frac{73}{100}$ _____   **8)** $\frac{2}{10}$ _____   **9)** $\frac{8}{100}$ _____

**10)** 4 monedas de 1¢ _____   **11)** 3 monedas de 25¢ _____   **12)** 6 monedas de 10¢ y 1 moneda de 5¢ _____

**Resuelve.**

Un frasco pequeño contiene 4 bolitas de chicle blancas y 6 bolitas de chicle rojas.

**13)** ¿Qué número decimal muestra qué parte de las bolitas de chicle son rojas? _____

**14)** ¿Qué número decimal muestra qué parte de las bolitas de chicle son blancas? _____

**15)** Un frasco grande de 100 bolitas de chicle tiene las mismas fracciones de bolitas rojas y bolitas blancas que el frasco pequeño. ¿Cuántas bolitas de chicle del frasco grande son rojas? _____ ¿Cuántas son blancas? _____

Una acera tiene 100 cuadrados. Hay grietas en 9 de los cuadrados.

**16)** ¿Qué número decimal muestra qué parte de la acera está agrietada? _____

**17)** ¿Qué fracción muestra qué parte de la acera está agrietada? _____

**Escribe cada décimo como centésimo.**

**18)** 0.6 = _____   **19)** 0.2 = _____   **20)** 0.5 = _____

UNIDAD 7 LECCIÓN 10   Comparar decimales hasta los centésimos

## 7-10 Recuerda

**Resuelve.**  *Muestra tu trabajo.*

**1** Mena compró una jarra de agua de 1 galón. ¿Cuántas raciones de 2 tazas hay en la jarra?
_____

**2** La mochila llena de Kaden pesa 7 libras. ¿Cuántas onzas pesa la mochila?
_____

**Suma o resta.**

**3** $\frac{7}{8} - \frac{3}{8} =$

**4** $\frac{1}{4} + \frac{3}{4} =$

**5** $10\frac{11}{12} - 5\frac{4}{12} =$

**6** $\frac{2}{3} + \frac{2}{3} =$

**7** $\frac{4}{9} + 3\frac{4}{9} =$

**8** $8\frac{5}{6} - 4\frac{4}{6} =$

**Escribe estas cantidades como números decimales.**

**9** 8 décimos _____

**10** 5 centésimos _____

**11** 27 centésimos _____

**12** $\frac{2}{100}$ _____

**13** $\frac{93}{100}$ _____

**14** $\frac{7}{10}$ _____

**15** 46 monedas de 1¢ _____

**16** 3 monedas de 5¢ _____

**17** 9 monedas de 10¢ _____

**18** **Amplía tu razonamiento** Ben dice que 0.80 es mayor que 0.8 porque 80 es mayor que 8. Explica su error.

_____
_____
_____
_____
_____

**7-11 Haz la tarea**

Nombre _____ Fecha _____

Escribe cada número en forma decimal.

1. 6 décimos _____
2. 85 centésimos _____
3. 9 centésimos _____
4. 7 décimos _____
5. $\frac{4}{100}$ _____
6. $2\frac{9}{10}$ _____
7. $\frac{23}{10}$ _____
8. $11\frac{3}{100}$ _____
9. 6 centavos _____
10. doce y 5 décimos _____
11. treinta y 25 centésimos _____

Escribe cada decimal de forma desarrollada.

12. 27.9 _____
13. 153.76 _____
14. 203.06 _____

Usa la gráfica para responder las preguntas 15 a 17.

15. ¿Qué parte decimal de todos los melones cosechó Amy? _____

16. ¿Qué parte decimal de todos los melones cosechó Paco? _____

17. ¿Qué parte decimal de todos los melones cosecharon Joey y Lisa juntos? _____

**Melones cosechados**

| Amy | 🍈 |
| Joey | 🍈🍈 |
| Lisa | 🍈🍈🍈 |
| Paco | 🍈🍈🍈🍈 |

Clave: 🍈 = 1 melón

Resuelve.

18. Un ciempiés tiene 100 patas. ¿Qué parte decimal es una pata? _____

19. En un banquete, se cortó cada pastel en 100 trozos. Los invitados comieron 4 pasteles enteros y todo menos un trozo de otro. ¿Qué parte decimal representa el número de pasteles que se comieron? _____

20. Miguel ganó $10 y ahorró $3. ¿Qué parte decimal ahorró? _____

21. Jing ganó $100 y ahorró $30. ¿Qué parte decimal ahorró? _____

# 7-11 Recuerda

**Nombre** _____ **Fecha** _____

**Suma o resta.**

**1)**  5,000
     − 3,296

**2)**  286,361
     + 45,743

**3)**  863,542
     − 794,815

**Multiplica.**

**4)** $4 \times \frac{1}{5} =$

**5)** $9 \times \frac{2}{3} =$

**6)** $3 \times \frac{7}{8} =$

**7)** $2 \times \frac{5}{12} =$

**8)** $5 \times \frac{6}{7} =$

**9)** $7 \times \frac{9}{10} =$

**Escribe los números decimales que siguen.**

**10)** 0.03   0.04   0.05   _____   _____   _____

**11)** 0.2   0.3   0.4   _____   _____   _____

**12)** 0.75   0.76   0.77   _____   _____   _____

**Escribe cada décima como centésimo.**

**13)** 0.4 = _____

**14)** 0.9 = _____

**15)** 0.1 = _____

**16)** 0.3 = _____

**17)** 0.5 = _____

**18)** 0.7 = _____

**19) Amplía tu razonamiento** Un puñado de clips pesa 5.2 gramos. Un puñado de tachuelas pesa 500 centigramos. ¿Qué puñado pesa más? Explica.

_____

_____

_____

_____

## 7-12 Haz la tarea

**Escribe estas cantidades como números decimales.**

1. 4 décimos _____
2. 72 centésimos _____
3. 6 centésimos _____
4. 8 centavos _____
5. $\frac{68}{100}$ _____
6. $9\frac{4}{10}$ _____
7. $\frac{16}{100}$ _____
8. $6\frac{7}{100}$ _____
9. 30 centésimos _____

**Encierra en un círculo el número que no tiene el mismo valor que los demás.**

10. 0.95    0.950    0.905
11. 0.2    0.20    0.02
12. 0.730    0.703    0.73
13. 1.6    1.60    1.06
14. 0.59    5.90    $\frac{59}{100}$
15. 0.08    0.008    0.080

**Escribe >, < o = para comparar estos números.**

16. 4.67 ◯ 12.7
17. 0.35 ◯ 0.4
18. 4.58 ◯ 1.25
19. 8.3 ◯ 0.83
20. 0.92 ◯ 0.91
21. 2.3 ◯ 0.84
22. 10.1 ◯ 10.01
23. 7.4 ◯ 0.74

La tabla muestra qué tan lejos saltaron los estudiantes en la competencia de salto en largo. Usa la tabla para responder las preguntas.

**Competencia de salto en largo**

| Nombre | Longitud del salto |
|---|---|
| Joshua | 1.60 metros |
| Amanda | 1.59 metros |
| Hester | 1.7 metros |
| Miguel | 1.6 metros |

24. ¿Quién saltó la mayor distancia? _____
25. ¿Quién saltó la menor distancia? _____
26. ¿Qué dos estudiantes saltaron la misma distancia? _____

# 7-12 Recuerda

**Elige una unidad de medida para cada rectángulo y halla el área y el perímetro. Muestra tu trabajo.**

**1** 11 por 8

**2** 5 por 9

**3** 2 por 6

**Multiplica.**

**4** $5 \cdot \frac{2}{3} =$ _____

**5** $12 \cdot \frac{1}{5} =$ _____

**6** $8 \cdot \frac{4}{7} =$ _____

**7** $6 \cdot \frac{3}{8} =$ _____

**Resuelve.**

**8** Hay 10 porciones en una bolsa de *pretzels*. En un pícnic de la escuela, se comen 2 bolsas enteras y 7 porciones de otra bolsa. ¿Qué número decimal representa las bolsas de *pretzels* que se comieron?

**9 Amplía tu razonamiento** Lance dice que se pueden comparar números decimales cualquiera de la forma en que se ordenan alfabéticamente las palabras. Se puede saber qué número es menor (o qué palabra aparece antes en el diccionario) si se compara cada dígito (o letra) de izquierda a derecha. ¿Es correcto el razonamiento de Lance? Da un ejemplo numérico para explicar tu razonamiento.

# 7-13 Haz la tarea

**Escribe >, < o = para comparar estos números.**

1) $\dfrac{3}{4} \bigcirc \dfrac{2}{8}$   2) $\dfrac{4}{10} \bigcirc \dfrac{4}{5}$   3) $1\dfrac{3}{6} \bigcirc 2\dfrac{3}{6}$

4) $1\dfrac{1}{6} \bigcirc 1\dfrac{1}{4}$   5) $2\dfrac{7}{8} \bigcirc 2\dfrac{3}{7}$   6) $1\dfrac{4}{9} \bigcirc 1\dfrac{5}{10}$

**Completa.**

7) $\dfrac{3}{9} = \dfrac{3 \times \Box}{9 \times \Box} = \dfrac{\Box}{45}$

8) $\dfrac{6}{10} = \dfrac{6 \times \Box}{10 \times \Box} = \dfrac{12}{\Box}$

9) $\dfrac{5}{8} = \dfrac{5 \times \Box}{8 \times 8} = \dfrac{\Box}{\Box}$

10) $\dfrac{24}{30} = \dfrac{24 \div \Box}{30 \div \Box} = \dfrac{\Box}{5}$

11) $\dfrac{28}{35} = \dfrac{28 \div \Box}{35 \div 7} = \dfrac{\Box}{\Box}$

12) $\dfrac{6}{18} = \dfrac{6 \div \Box}{18 \div \Box} = \dfrac{1}{\Box}$

**Resuelve.**   *Muestra tu trabajo.*

13) Cole vive a 2.4 millas de la biblioteca. Gwen vive a 2.04 millas de la biblioteca. Xander vive a 2.40 millas de la biblioteca. ¿Quién vive más cerca de la biblioteca: Cole, Gwen o Xander?

14) Luego de hacer su proyecto de arte, a Robbie le sobran $\dfrac{2}{10}$ de yarda de cuerda. ¿Cuánto es $\dfrac{2}{10}$ escrito como decimal?

## 7-13 Recuerda

**Nombre** _____  **Fecha** _____

**Resuelve.**  *Muestra tu trabajo.*

**1** Una botella de 2 cuartos de jugo tiene 1,040 calorías. Cada porción es 1 taza. ¿Cuántas calorías hay en cada porción de jugo?

_____

**2** El perímetro de una fotografía es de 20 pulgadas. El lado más largo de la fotografía mide 6 pulgadas. ¿Cuál es la longitud del lado más corto?

_____

**Escribe una ecuación. Luego resuelve.**

**3** Peggy necesita $\frac{3}{4}$ de taza de harina para cada tanda de panqueques. Si hace 5 tandas de panqueques, ¿cuántas tazas de harina usa?

_____

**Compara. Usa < o >.**

**4** 26.3 ◯ 8.3   **5** 5.09 ◯ 5.9   **6** 1.7 ◯ 7.1   **7** 84.2 ◯ 8.42

**8** 9.40 ◯ 9.04   **9** 57 ◯ 5.7   **10** 11.28 ◯ 12.8   **11** 6.31 ◯ 6.13

**12 Amplía tu razonamiento** El primer día de un viaje, la familia Brenner camina 2.8 millas. El segundo día, caminan $1\frac{2}{5}$ millas por un sendero. Toman un descanso y caminan de regreso hasta donde empezaron. ¿Qué día caminaron más: el primero o el segundo? Explica.

_____

_____

# 7-14 Haz la tarea

**Nombre** _____ **Fecha** _____

Lee y escribe cada número mixto como decimal.

**1** $3\frac{31}{1000}$ _____    **2** $2\frac{7}{100}$ _____

**3** $8\frac{452}{1000}$ _____    **4** $6\frac{4}{1000}$ _____

Lee y escribe cada decimal como número mixto.

**5** 9.051 _____    **6** 5.06 _____

**7** 1.843 _____    **8** 4.003 _____

Lee cada número en palabras. Luego escribe un decimal por cada número en palabras.

**9** veintidós milésimos    **10** tres y diecisiete milésimos

_____    _____

**11** quinientas siete milésimos    **12** noventa y cincuenta y cuatro centésimos

_____    _____

Escribe cada decimal de forma desarrollada.

**13** 15.36 _____

**14** 403.054 _____

**15** 7.109 _____

**16** 2,076.09 _____

UNIDAD 7 LECCIÓN 14                    Presentación de los milésimos **189**

## 7-14 Recuerda

Usa la operación o la combinación de operaciones correcta para resolver cada problema. Muestra tu trabajo.

**1** Un recipiente para envíos tiene una carga de 77 metros cúbicos. Una empresa tiene un envío de cargamento que ocupa 640 metros cúbicos. ¿Cuántos contenedores se necesitarán? ¿Estarán todos los contenedores llenos?

_____

_____

**2** Una máquina puede hacer 20 lápices por minuto. Otra máquina puede hacer 15 lápices por minuto. ¿Cuántos lápices pueden hacer las dos máquinas en una hora?

_____

_____

**3** La señorita Díaz sale de casa a las 8:00 a. m. Conduce 45 minutos hasta su destino y luego pasa 4 horas allí. Pasa 1 hora almorzando y luego demora 45 minutos en conducir a casa. ¿Cuándo llega a su casa?

_____

_____

**4** La cafetería hace 432 sándwiches para una excursión escolar a un museo. Cada estudiante recibe un sándwich en la bolsa del almuerzo. Los estudiantes se dividen en grupos de 48 para recorrer el museo. ¿Cuántos grupos hay?

_____

_____

**5 Amplía tu razonamiento** Un maquinista pule una ranura en una pieza de metal que tiene 0.37 pulgadas de ancho por 0.25 pulgadas de profundidad. Escribe el tamaño de la ranura usando números en palabras.

_____

_____

# 7-15 Haz la tarea

**Nombre** _____ **Fecha** _____

Usa la recta numérica para comparar y ordenar números decimales.

```
<---|||||||||||||||||||||||||||||||||||||||||||||||||||||||||||||||||||||||||||||||||||||||||||||||||||--->
   0.30  0.31  0.32  0.33  0.34  0.35  0.36  0.37  0.38  0.39  0.40
```

**1** Rotula puntos sobre la recta numérica de arriba para mostrar 0.341, 0.315 y 0.309.

**2** Escribe los números del ejercicio 1 de menor a mayor.

_____

**3** ¿Cómo usarías la recta numérica para comparar 0.517 y 0.724?

_____
_____

**Ordena los decimales de menor a mayor.**

**4** 0.11, 0.27, 0.15

_____

**5** 0.77, 0.92, 0.53

_____

**6** 0.92, 0.61, 0.79

_____

**7** 0.73, 0.16, 0.05

_____

**8** 0.531, 0.342, 0.864

_____

**9** 0.347, 0.092, 0.518

_____

**10** 0.356, 0.099, 0.289

_____

**11** 0.566, 0.262, 0.644

_____

**Escribe < o > para comparar los números.**

**12** 0.549 ◯ 0.54

**13** 1.95 ◯ 0.95

**14** 0.309 ◯ 0.53

**15** 6.9 ◯ 6.92

**16** 0.07 ◯ 0.007

**17** 3.05 ◯ 3.5

# 7-15 Recuerda

**Resuelve cada problema.**

**1** $6 \times 4 + 7 = b$

_____

**2** $3 \times 9 + 4 \times 8 = f$

_____

**3** $9(7 \times 5) = h$

_____

**4** $(3 \cdot 16) \div 12 = j$

_____

**5** $(9 \times 4) - (3 \times 2) = m$

_____

**6** $(7 \times 9) \div (3 \times 7) = p$

_____

**7** Un grupo de estudiantes va a comer un bocadillo después de la escuela. Piden 12 salchichas por $4 cada una y 6 porciones de pizza por $3 cada una. ¿Cuál es la cuenta total por la comida?

_____

**8** Una tienda tiene 10 cajones de pimientos verdes con 24 pimientos en cada cajón. Tienen 12 cajones de pimientos rojos con 18 pimientos en cada cajón. ¿La tienda tiene más pimientos verdes, o pimientos rojos?

_____

**9** Una florista llena floreros con 12 flores en cada florero. Coloca 9 narcisos en el primer florero y llena el resto del florero con begonias. En el segundo florero, coloca el doble de begonias. ¿Cuántas begonias hay en el segundo florero?

_____

**10** **Amplía tu razonamiento** Cuando un científico escribe ceros al *final* de un decimal, significa que midió hasta ese valor posicional. ¿Cómo escribiría tres décimos de un centímetro si solo midiera hasta el milésimo de un centímetro? ¿Cómo escribiría treinta y cinco centésimos de un centímetro hasta el milésimo?

_____

## 7-16 Haz la tarea

**Nombre** _____ **Fecha** _____

La recta numérica muestra un décimo dividido en diez centésimos.

```
         M                              N
<—|||||||||||||||||||||||||||||||||||||||||||||||||||—>
0.4  0.41  0.42  0.43  0.44  0.45  0.46  0.47  0.48  0.49  0.5
```

**1** ¿Qué número decimal está marcado con el punto M?
_____

**2** ¿A qué décimo es más cercano el punto M: 0.4 o 0.5?
_____

**3** ¿Qué número decimal está marcado con el punto N?
_____

**4** ¿A qué décimo es más cercano el punto N: 0.4 o 0.5?
_____

**Redondea al décimo más cercano.**

**5** 2.092 _____

**6** 6.986 _____

**7** 9.728 _____

**8** 6.837 _____

**9** 7.552 _____

**10** 2.848 _____

**11** 1.907 _____

**12** 6.581 _____

**13** 0.354 _____

**14** 2.524 _____

**15** 0.479 _____

**16** 0.809 _____

UNIDAD 7 LECCIÓN 16 — Rectas numéricas y redondeo **193**

# 7-16 Recuerda

**Haz una lista con todos los pares de factores para cada número.**

**1** 37 _____

**2** 39 _____

**3** 24 _____

**4** 51 _____

**Escribe si cada número es *primo* o *compuesto*.**

**5** 71 _____   **6** 74 _____   **7** 97 _____

**8** 83 _____   **9** 92 _____   **10** 85 _____

**Indica si 9 es factor de cada número. Escribe *sí* o *no*.**

**11** 126 _____   **12** 132 _____   **13** 171 _____   **14** 186 _____

**Indica si cada número es múltiplo de 4. Escribe *sí* o *no*.**

**15** 92 _____   **16** 98 _____   **17** 118 _____   **18** 128 _____

**19 Amplía tu razonamiento** En una recta numérica, 0.05 es más cercano a 0 o a 0.1? Redondea 0.05 al decimal más cercano.

_____

# 8-1 Haz la tarea

**Nombre** _____ **Fecha** _____

**Dibuja cada figura geométrica.**

**1** un punto

**2** una semirrecta

**3** un ángulo

**4** Nombra el ángulo que se muestra. _____

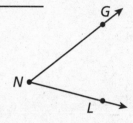

**Mira los siguientes ángulos.**

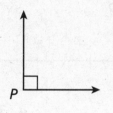   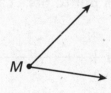

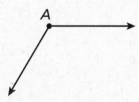   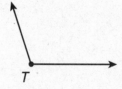

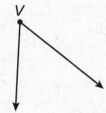   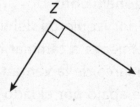

**5** ¿Qué ángulos son ángulos rectos? _____

**6** ¿Qué ángulos son ángulos agudos? _____

**7** ¿Qué ángulos son ángulos obtusos? _____

# 8-1 Recuerda

**Suma o resta.**

1) $5\frac{4}{5} + 3\frac{1}{5}$

2) $12\frac{5}{8} - 4\frac{3}{8}$

3) $3\frac{5}{7} + 9\frac{3}{7}$

4) $6\frac{2}{9} - 2\frac{5}{9}$

**Escribe < o > para que cada enunciado sea verdadero.**

5) $\frac{3}{4} \bigcirc \frac{1}{4}$

6) $\frac{5}{6} \bigcirc \frac{5}{4}$

7) $\frac{7}{10} \bigcirc \frac{7}{12}$

8) $\frac{6}{8} \bigcirc \frac{4}{8}$

9) $\frac{4}{8} \bigcirc \frac{4}{12}$

10) $\frac{17}{25} \bigcirc \frac{21}{25}$

11) Marca y rotula el punto para cada fracción o número mixto con su letra.

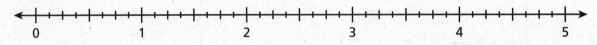

a. $2\frac{1}{2}$   b. $3\frac{5}{8}$   c. $\frac{1}{4}$   d. $1\frac{4}{8}$   e. $3\frac{1}{8}$

f. $2\frac{3}{4}$   g. $3\frac{1}{2}$   h. $1\frac{7}{8}$   i. $\frac{6}{8}$   j. $4\frac{3}{8}$

12) **Amplía tu razonamiento** Dos arañas se posan sobre la esquina superior izquierda del marco de una ventana cuadrada. Una araña comienza a caminar hacia la derecha por la parte superior del marco de la ventana. La otra araña comienza a caminar hacia abajo por el lado izquierdo del marco de la ventana. Nombra cada uno de los siguientes con términos geométricos.

a.) el lugar donde empezaron las arañas _____

b.) el trayecto que camina cada araña _____

c.) el tipo de ángulo formado por sus trayectos _____

# 8-2 Haz la tarea

**Usa un transportador para hallar la medida de cada ángulo.**

**1**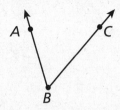

_____

**2**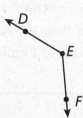

_____

**3**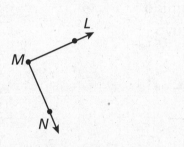

_____

**4**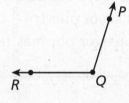

_____

**Dibuja cada ángulo.**

**5** un ángulo que mida 75°

**6** un ángulo que mida 150°

**7** En un transportador hay dos escalas. Lee una escala para hallar 44°. ¿Cuál es la medida en la otra escala?

_____

**8** ¿Cuál será más grande, la medida de un ángulo recto o la medida de un ángulo obtuso?

_____

# 8-2 Recuerda

**Resuelve.**

*Muestra tu trabajo.*

1. Presley pidió una bolsa pequeña de nueces y Ellen pidió una bolsa mediana de nueces. Ambos comieron $\frac{3}{4}$ de sus nueces. ¿Quién comió más nueces? Explica.

   _____

   _____

2. Tanto a Jack como a Scott les toma 12 minutos caminar a la escuela. Jack tuvo sus audífonos puestos $\frac{2}{3}$ del camino y Scott tuvo los suyos puestos $\frac{2}{5}$ del camino. ¿Quién tuvo sus audífonos puestos por más tiempo? Explica.

   _____

   _____

**Dibuja cada figura geométrica.**

3. un segmento de recta

4. una recta

5. un ángulo

6. Nombra el ángulo que se muestra.

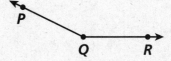

   _____

7. **Amplía tu razonamiento** Puedes pensar en las dos manecillas de un reloj como semirrectas de un ángulo. ¿Qué tipo de ángulo ves entre las manecillas del reloj cuando el reloj muestra las siguientes horas? Si es necesario, haz un bosquejo.

   a.) 3:05 _____

   b.) 6:00 _____

   c.) 9:10 _____

# 8-3 Haz la tarea

**Nombre** _____ **Fecha** _____

Usa una regla y un transportador para dibujar y sombrear un ángulo de cada tipo. Mide y rotula cada ángulo.

**1** ángulo agudo menor que 40°

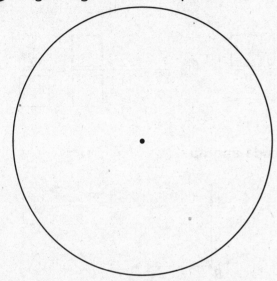

**2** ángulo agudo mayor que 40°

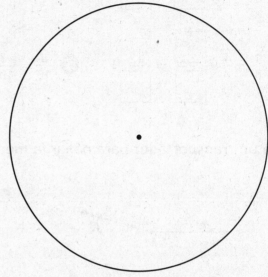

**3** ángulo obtuso menor que 160°

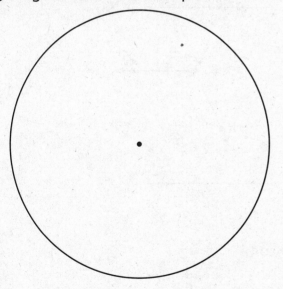

**4** cuatro ángulos que suman 360°

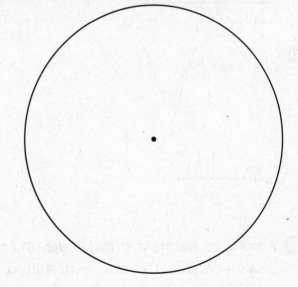

**5** Escribe la suma de las medidas de tus ángulos del ejercicio 4 para mostrar que el total equivale a 360°.

_____

UNIDAD 8 LECCIÓN 3     Círculos y ángulos **199**

# 8-3 Recuerda

**Completa.**

1) $\dfrac{4}{7} = \dfrac{4 \times \Box}{7 \times \Box} = \dfrac{12}{\Box}$

2) $\dfrac{5}{8} = \dfrac{5 \times \Box}{8 \times \Box} = \dfrac{\Box}{40}$

3) $\dfrac{8}{9} = \dfrac{8 \times \Box}{9 \times \Box} = \dfrac{32}{\Box}$

4) $\dfrac{1}{4} = \dfrac{1 \times \Box}{4 \times \Box} = \dfrac{12}{\Box}$

5) $\dfrac{3}{10} = \dfrac{3 \times \Box}{10 \times \Box} = \dfrac{\Box}{70}$

6) $\dfrac{2}{11} = \dfrac{2 \times \Box}{11 \times \Box} = \dfrac{12}{\Box}$

**Usa un transportador para hallar la medida de cada ángulo.**

7)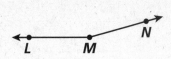

_____

8)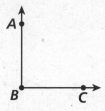

_____

9)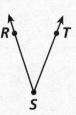

_____

10)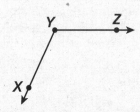

_____

11) **Amplía tu razonamiento** Dibuja un ángulo con una medida de 0°. Describe tu dibujo.

_____

_____

_____

# 8-4 Haz la tarea

**Nombra cada triángulo según sus ángulos y luego según sus lados.**

**1**

_____
_____

**2**

_____
_____

**3**

_____
_____

**4**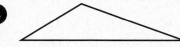

_____
_____

**5**

_____
_____

**6**

_____
_____

**7**

_____
_____

**8**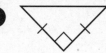

_____
_____

**9**

_____
_____

**10** Describe en qué se diferencian los triángulos acutángulos, obtusángulos y rectángulos.

_____
_____
_____

**11** Describe en qué se diferencian los triángulos escalenos, isósceles y equiláteros.

_____
_____
_____

# 8-4 Recuerda

**Simplifica cada fracción.**

1) $\dfrac{9 \div \boxed{\phantom{0}}}{12 \div \boxed{\phantom{0}}} =$

2) $\dfrac{18 \div \boxed{\phantom{0}}}{30 \div \boxed{\phantom{0}}} =$

3) $\dfrac{25 \div \boxed{\phantom{0}}}{75 \div \boxed{\phantom{0}}} =$

4) $\dfrac{32 \div \boxed{\phantom{0}}}{72 \div \boxed{\phantom{0}}} =$

**Se da la medida de cada ángulo sombreado.**
**Escribe la medida de cada ángulo que no esté sombreado.**

5)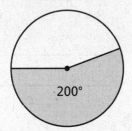

_____

6)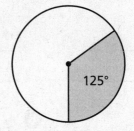

_____

7) **Amplía tu razonamiento** Aileen intenta clasificar correctamente un triángulo según sus ángulos. Su única información es que el triángulo tiene por lo menos un ángulo agudo. Aileen dice que este debe ser un triángulo acutángulo. ¿Está en lo cierto? Explica.

_____
_____
_____
_____
_____
_____

# 8-5 Haz la tarea

**Usa un transportador para dibujar los dos ángulos que se describen uno al lado del otro. ¿Cuál es la medida del mayor ángulo que forman cuando se combinan?**

**1** Las medidas de los dos ángulos son 20° y 55°.

**2** Las medidas de los dos ángulos son 65° y 95°.

**Escribe y resuelve una ecuación para hallar la medida del ángulo desconocido.**

**3**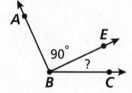

La medida de ∠ABC es 115°.

¿Cuál es la medida de ∠EBC?

**4**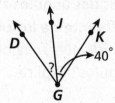

La medida de ∠DGK es 70°.

¿Cuál es la medida de ∠DGJ?

**5** Cuando dos ángulos de 45° se combinan, ¿qué tipo de ángulo forman?

# 8-5 Recuerda

Usa un denominador común para comparar las fracciones.
Escribe >, < o = para que el enunciado sea verdadero.

① $\frac{5}{8} \bigcirc \frac{1}{2}$   ② $\frac{4}{6} \bigcirc \frac{6}{9}$   ③ $\frac{7}{12} \bigcirc \frac{2}{3}$

④ $\frac{3}{10} \bigcirc \frac{2}{7}$   ⑤ $\frac{3}{4} \bigcirc \frac{5}{6}$   ⑥ $\frac{7}{12} \bigcirc \frac{19}{24}$

**Nombra cada triángulo según sus ángulos y luego según sus lados.**

⑦    ⑧ 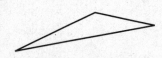   ⑨

_____    _____    _____
_____    _____    _____

⑩ **Amplía tu razonamiento** Cuatro ángulos se combinan y forman un ángulo llano. Dos de los ángulos tienen el mismo tamaño. Los otros dos ángulos tienen también el mismo tamaño, pero diferente de los otros dos. Si uno de los cuatro ángulos mide 40°, ¿cuáles son las medidas de los otros tres ángulos? Explica.

_____
_____
_____
_____
_____
_____

# 8-6 Haz la tarea

**Nombre** _____ **Fecha** _____

**Escribe una ecuación para resolver cada problema.**

**1** Imagina que andas en bicicleta por una calle recta que repentinamente comienza a ascender una colina. Quieres saber cuál es la medida del ángulo de la pendiente, pero no puedes medir dentro de la colina.

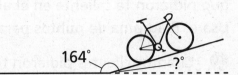

Sin embargo, si puedes medir el ángulo en la parte superior de la calle, puedes usar una ecuación para hallar la medida desconocida. ¿Cuál es el ángulo de la pendiente de la colina que se muestra?

_____

**2** En la cara del reloj que se muestra a la derecha dibuja las manecillas para mostrar las horas 3:00 y 5:00. Una manecilla de cada hora se superpondrá con una manecilla de la otra hora. ¿Cuál es la diferencia entre las medidas de los ángulos que forman las manecillas del reloj para las dos horas? (Pista: Hay 30° entre cada par de números en un reloj.)

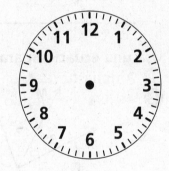

_____

**3** Las pantallas de las lámparas suelen tener una pendiente, con la parte superior más angosta que la inferior. Para la pantalla que se muestra, el ángulo entero que se muestra mide 122°. Halla la medida del ángulo desconocido para hallar cuánto está inclinada la pantalla desde arriba.

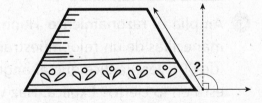

_____

UNIDAD 8 LECCIÓN 6 — Problemas del mundo real **205**

## 8-6 Recuerda

El diagrama de puntos muestra la cantidad de crema que pusieron en su taza cada uno de los clientes que pidieron té caliente en el almuerzo en un restaurante. Usa el diagrama de puntos para los problemas 1 a 3.

**1** ¿Cuántos clientes pidieron té caliente?

_____

**2** ¿Cuántos clientes usaron más de 1 cucharada de crema?

_____

**3** ¿Cuál es la diferencia entre la menor y la mayor cantidad de crema que usaron los clientes?

_____

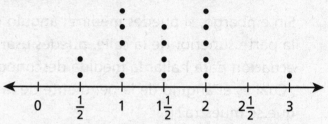

**Crema en el té (en cucharadas)**

Usa una ecuación para hallar la medida del ángulo desconocida.

**4**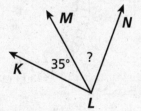

La medida de ∠KLN es 85°.

_____

**5**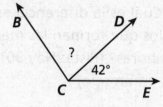

La medida de ∠BCE es 125°.

_____

**6 Amplía tu razonamiento** Hannah dice que cuando las manecillas de un reloj muestran las 9:30, el ángulo es de 90°. Jennie dice que el ángulo es obtuso. ¿Quién está en lo cierto? Explica. Haz un dibujo para mostrar quién está en lo cierto.

_____
_____
_____
_____

# 8-7 Haz la tarea

Nombre _____ Fecha _____

¿Cuáles de los siguientes segmentos de recta se ven paralelos? ¿Cuáles se ven perpendiculares? ¿Cuáles no se ven ni paralelos ni perpendiculares? Explica tu razonamiento.

**1**  Paralelo: _____ Perpendicular: _____

_____

**2**  Paralelo: _____ Perpendicular: _____

_____

**3** 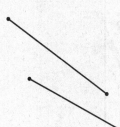 Paralelo: _____ Perpendicular: _____

_____

**Indica si cada par de rectas es *paralelo, perpendicular* o *ninguno*.**

**4**    **5** 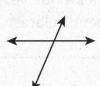   **6**    **7**

_____   _____   _____   _____

**8** Primero dibuja un segmento de recta de 5 centímetros de largo. Luego dibuja un segmento de recta de 7 centímetros de largo paralelo a tu primer segmento de recta.

# 8-7 Recuerda

**Usa el elemento visual para llenar cada espacio en blanco.**

**1** La parte sombreada del entero representa:

$\frac{30}{100}$ representa _____ de _____ partes iguales

y el decimal _____.

$\frac{3}{10}$ representa _____ de _____ partes iguales

y el decimal _____.

**Escribe la ecuación para resolver cada problema.**

**2** Una escalera se inclina sobre una pared como se muestra en el diagrama. ¿Qué medida de ángulo forma la escalera con la pared?

_____

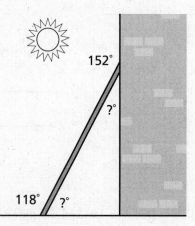

**3** ¿Qué medida de ángulo forma la escalera con el piso?

_____

**4** **Amplía tu razonamiento** Mira a tu alrededor. Describe 3 pares de segmentos de recta paralelos que veas. Describe 3 pares de segmentos de recta perpendiculares.

_____
_____
_____
_____
_____
_____

Líneas y segmentos de recta paralelos y perpendiculares

# 8-8 Haz la tarea

**Nombre** _____  **Fecha** _____

**VOCAB BOX**
cuadrilátero
cuadrado
trapecio
rombo
rectángulo
paralelogramo

Usa el vocabulario del recuadro a la derecha para escribir el nombre del cuadrilátero que mejor describa cada figura. Usa cada palabra una vez. Describe en qué se diferencia de otros cuadriláteros.

**1.**

_____
_____

**2.**

_____
_____

**3.**

_____
_____

**4.**

_____
_____

**5.**

_____
_____

**6.**

_____
_____

UNIDAD 8 LECCIÓN 8 — Clasificar cuadriláteros 209

# 8-8 Recuerda

**Nombre** _____ **Fecha** _____

**Escribe estas cantidades como números decimales.**

① 3 décimos _____  ② 7 centésimos _____  ③ 56 centésimos _____

④ $\frac{6}{100}$ _____  ⑤ $\frac{42}{100}$ _____  ⑥ $\frac{9}{10}$ _____

**Indica si cada par de rectas es *paralelo*, *perpendicular* o *ninguno*.**

⑦ 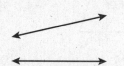  ⑧   ⑨ 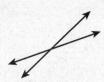  ⑩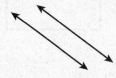

_____   _____   _____   _____

⑪ Primero dibuja un segmento de recta de 4 centímetros de largo. Luego dibuja un segmento de recta de 3 centímetros de largo que no sea paralelo ni perpendicular a la primera recta.

⑫ **Amplía tu razonamiento** Bianca tiene cierta figura en mente. Dice que tiene los siguientes nombres: cuadrilátero, paralelogramo y rectángulo. Haz un dibujo que pueda ser la figura de Bianca. Explica por qué tiene cada uno de estos nombres.

_____
_____
_____
_____
_____

# 8-9 Haz la tarea

**Nombre** _____ **Fecha** _____

① Dibuja un rectángulo y un paralelogramo. Dibuja una diagonal en cada figura. Nombra los tipos de triángulos que formaste.

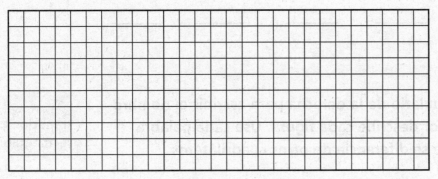

_____

_____

② Dibuja cuatro figuras nuevamente, dibuja la otra diagonal y nombra los tipos de triángulos que formaste esta vez.

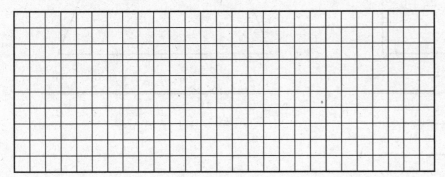

_____

_____

③ Usa palabras de geometría para describir cómo las diagonales de cuadriláteros forman triángulos.

_____

_____

_____

_____

④ Usa palabras de geometría para describir un modo de separar triángulos en otros triángulos.

_____

_____

_____

_____

# 8-9 Recuerda

**Nombre** _____ **Fecha** _____

Escribe los números decimales que siguen.

**1** 0.01   0.02   0.03   _____  _____  _____  _____

**2** 0.3    0.4    0.5    _____  _____  _____  _____

**3** 0.46   0.47   0.48   _____  _____  _____  _____

Usa el recuadro de vocabulario de la derecha para escribir el nombre del cuadrilátero que mejor describe cada figura. Usa cada palabra una vez. Describe en qué se diferencia de otros cuadriláteros.

**VOCAB BOX**
trapecio
rectángulo

**4**

_____

_____

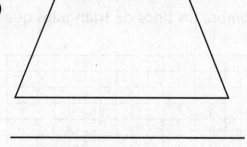

**5**

_____

_____

**6 Amplía tu razonamiento** Imagina que dibujas una diagonal en cada uno de los siguientes cuadriláteros: rectángulo, trapecio, paralelogramo. ¿En qué figuras se formarán triángulos con el mismo tamaño y forma? ¿Y en qué figuras se formarán triángulos con distinto tamaño y forma?

_____

_____

_____

_____

Descomponer cuadriláteros y triángulos

# 8-10 Haz la tarea

**Nombre** _____ **Fecha** _____

**1** ¿Dé qué otros modos podrías clasificar estas tres figuras? ¿Qué figuras estarían en el grupo de cada regla de clasificación?

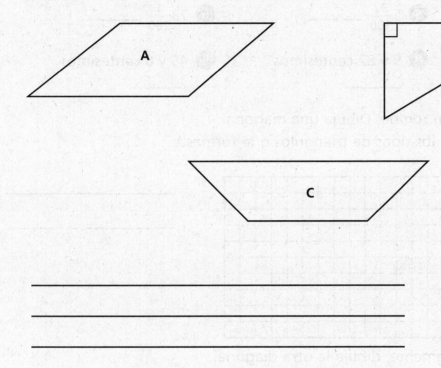

_____
_____
_____
_____

**2** Dibuja una cuarta figura para agregar a las figuras del ejercicio 1. ¿Cumple con alguna de las reglas de clasificación que nombraste en el ejercicio 1?

_____

## 8-10 Recuerda

**Escribe cada cantidad de forma decimal.**

1. 8 décimos _____
2. 62 centésimos _____
3. 8 centésimos _____
4. $3\frac{4}{10}$ _____
5. $5\frac{37}{100}$ _____
6. $73\frac{1}{100}$ _____
7. 12 y 3 décimos _____
8. 9 y 82 centésimos _____
9. 45 y 6 centésimos _____

10. Dibuja un cuadrado y un rombo. Dibuja una diagonal en cada figura. Nombra los tipos de triángulos que formaste.

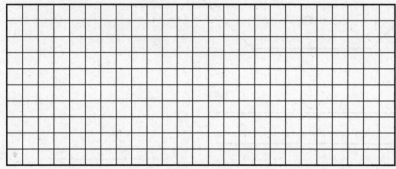

_____
_____

11. Dibuja tus figuras nuevamente, dibuja la otra diagonal y nombra los tipos de triángulos que formaste esta vez.

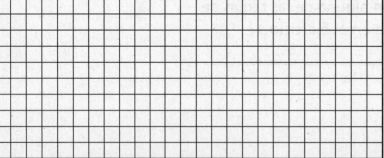

_____
_____

12. **Amplía tu razonamiento** Dibuja y nombra tres polígonos que tengan al menos un ángulo recto cada uno. Rotula cada ángulo recto en los polígonos.

_____
_____

# 8-11 Haz la tarea

**Indica si la línea punteada es un eje de simetría.**

 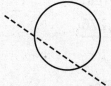           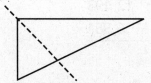

_____     _____     _____

**¿Cuántos ejes de simetría tiene cada figura?**

_____     _____     _____

**7** Dibuja ejes de simetría para esta figura.

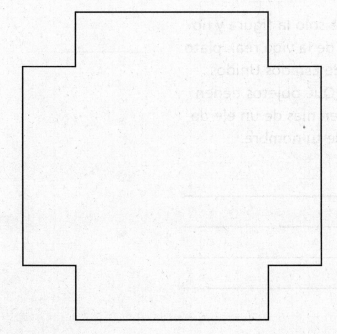

# 8-11 Recuerda

**Suma o resta.**

1) 12,493
   + 6,551

2) 536,784
   − 69,205

3) 900,040
   − 318,276

4) ¿Dé qué otros modos podrías clasificar estas tres figuras? ¿Qué figuras estarían en el grupo de cada regla de clasificación?

_____
_____
_____

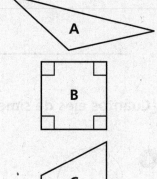
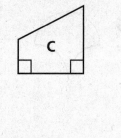

5) Dibuja una cuarta figura para agregar a las figuras del ejercicio 4. ¿Cumple con alguna de las reglas de clasificación que nombraste en el ejercicio 4?

6) **Amplía tu razonamiento** Considera solo la figura y no el diseño de los siguientes objetos de la vida real: plato cuadrado, señal de alto, bandera de Estados Unidos, letra P, letra M, raqueta de tenis. ¿Qué objetos tienen simetría de eje? ¿Qué objetos tienen más de un eje de simetría? Escribe la primera letra de tu nombre. ¿Tiene simetría de eje?

_____
_____
_____

# 8-12 Haz la tarea

**Diseña una bandera. El diseño debe incluir un cuadrilátero con 2 ejes de simetría. La bandera también debe tener un triángulo con un ángulo de 45°.**

**1** ¿Qué tipo de cuadrilátero dibujaste? ¿Cómo te aseguraste de que el cuadrilátero tuviera 2 ejes de simetría?

_____

_____

**2** ¿Qué tipo de triángulo dibujaste en el diseño de la bandera? ¿Qué instrumento usaste para asegurarte de que el ángulo que dibujaste midiera 45°?

_____

_____

# 8-12 Recuerda

**Coloca < o > para que el enunciado sea verdadero.**

**1** 7.24 ◯ 72.4   **2** 8.07 ◯ 8.7   **3** 5.32 ◯ 3.52   **4** 20.8 ◯ 2.08

**5** 12.3 ◯ 3.12   **6** 2.9 ◯ 29   **7** 23.15 ◯ 24.1   **8** 90.2 ◯ 9.02

**Indica si la línea punteada es un eje de simetría.**

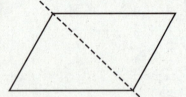      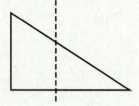

**9** _____   **10** _____   **11** _____

**¿Cuántos ejes de simetría tiene cada figura?**

   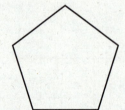   

**12** _____   **13** _____   **14** _____

**15 Amplía tu razonamiento** Diseña un banderín para tu escuela con forma de triángulo acutángulo isósceles. Dentro del diseño, incluye un cuadrilátero con cuatro ángulos rectos y al menos un conjunto de rectas paralelas.

_____

# 8-13 Haz la tarea

**1** Dibuja una traslación a lo largo de la recta.

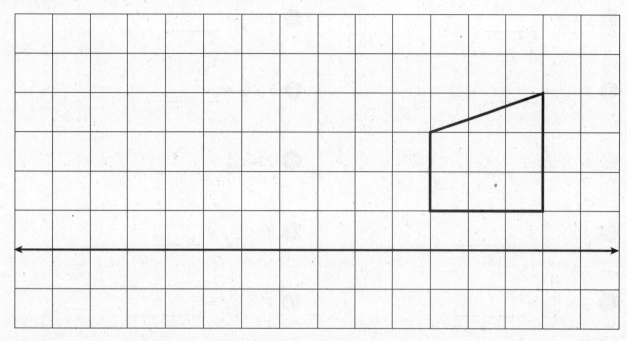

**2** Dibuja una reflexión del otro lado de la recta.

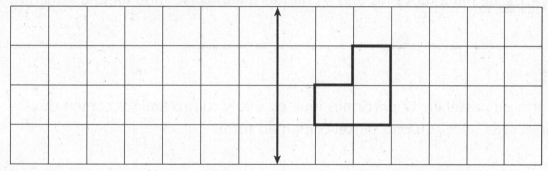

**3** Dibuja una rotación de 90° en el contrario al de las agujas del reloj.

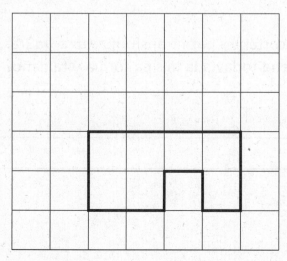
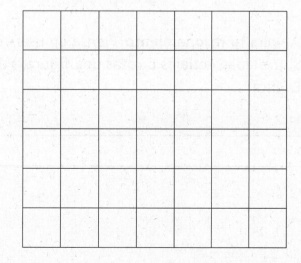

## 8-13 Recuerda

**Multiplica.**

1) $5 \times \frac{1}{6} =$ _____

2) $3 \times \frac{1}{9} =$ _____

3) $7 \times \frac{1}{8} =$ _____

4) $6 \times \frac{5}{9} =$ _____

5) $12 \times \frac{2}{10} =$ _____

6) $20 \times \frac{1}{2} =$ _____

7) $10 \times \frac{3}{5} =$ _____

8) $8 \times \frac{1}{12} =$ _____

9) $3 \times \frac{11}{15} =$ _____

10) $2 \times \frac{3}{17} =$ _____

11) John corre $\frac{3}{5}$ de milla todos los días. ¿Cuántas millas corre John en una semana?

_____

12) Jean corta un pastel en 12 porciones iguales. Ella y cuatro amigos comen dos porciones cada uno. ¿Cuánto pastel comen en total?

_____

13) **Amplía tu razonamiento** Piensa en usar recortables para transformar una figura. Si trasladas, reflejas o rotas una figura, ¿tiene todavía la misma forma y tamaño? Explica.

_____

_____

**8-14 Haz la tarea**

Nombre _____  Fecha _____

**En cada fila, encierra en un círculo todas las figuras que parecen congruentes.**

①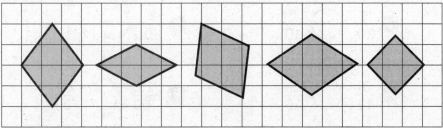

②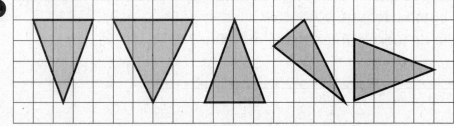

**Explica por qué cada par de figuras no es congruente.**

③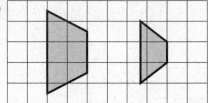

④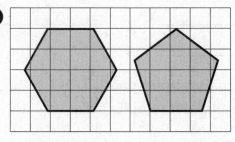

UNIDAD 8 LECCIÓN 14    Transformaciones y congruencia  **221**

## 8-14 Recuerda

**Escribe > o < para que cada enunciado sea verdadero.**

1. $\frac{2}{5}$ ◯ $\frac{2}{4}$
2. $\frac{3}{10}$ ◯ $\frac{2}{10}$
3. $\frac{8}{10}$ ◯ $\frac{2}{12}$
4. $\frac{3}{10}$ ◯ $\frac{4}{10}$
5. $\frac{3}{12}$ ◯ $\frac{3}{16}$
6. $\frac{19}{100}$ ◯ $\frac{21}{100}$

**Resuelve. Explica tus respuestas.**

7. Maria bebió $\frac{7}{8}$ de su botella de jugo y Anette bebió $\frac{7}{10}$ de su botella de jugo. ¿Quién bebió más jugo?

   _____
   _____

8. Sharon hizo su tarea en $\frac{9}{12}$ de una hora y Jeremy hizo su tarea en $\frac{7}{12}$ de una hora. ¿A quién le tomó menos tiempo hacer su tarea?

   _____
   _____

9. James comió $\frac{3}{7}$ de las papas fritas y Michael comió $\frac{4}{7}$ de las papas fritas. ¿Quién comió más papas fritas?

   _____
   _____

10. **Amplía tu razonamiento** Describe cómo se ve un cuadrado después de rotarlo 90° en sentido contrario al de las manecillas del reloj. Explica.

    _____
    _____
    _____